Veronika Paulmann

Osteoporose vorbeugen Kalziumreich kochen

Mit Genuss die wertvollen Mineralstoffe und Vitamine aus der Nahrung für dauerhaft kräftige Knochen nutzen

Südwest

Die Milch macht's – mit Früchten gemischt wird sie besonders schmackhaft.

Inhalt

*Wer ahnt schon,
dass selbst ein
Kuchen jede
Menge Kalzium
enthalten kann …*

Wozu wir Kalzium brauchen

Unser Organismus bedarf der Zufuhr von Kalzium nicht nur für den Aufbau und die Erhaltung von Knochen und Zähnen. Ohne Kalzium funktioniert auch die Blutgerinnung nicht. Außerdem brauchen wir den Mineralstoff Kalzium, damit Nerven und Muskeln arbeiten. Theoretisch wirkt Kalzium sogar vorbeugend gegen Darmkrebs, weil es Gallensäuren im Darm bindet. Wissenschaftlich bestätigt ist diese These jedoch noch nicht. Fest steht: Wir können die Kalziumzufuhr nicht auf ein bestimmtes Lebensalter – z. B. auf die Wachstumsphase in der Kindheit – begrenzen, sondern wir müssen unser ganzes Leben lang dafür sorgen, dass unser Körper ausreichend Kalzium bekommt.

Unser Kalziumbedarf

Der Kalziumbedarf unseres Körpers ist nicht immer gleich hoch, er hängt von verschiedenen Umständen ab. Erstens spielt das Alter eine Rolle: Säuglinge brauchen etwas weniger Kalzium als gesunde Erwachsene, weil ihr Organismus das in der Nahrung zugeführte Kalzium besonders gut ausnutzt; bei Kindern und Jugendlichen in der Wachstumsphase und bei älteren Menschen ist der Bedarf erhöht. Zweitens hängt der Kalziumbedarf vom Geschlecht ab: Frauen sollten das ganze Leben hindurch kalziumreicher essen als Männer. Denn mit Beginn der Wechseljahre bewirken bestimmte Hormone einen Abbau der Knochenmasse. Bei einem optimal ausgebildeten Skelett richtet das zwar keinen Schaden

Viele moderne Zivilisationskrankheiten lassen sich durch eine Umstellung der Ernährung in den Griff bekommen.

Ein Glas Milch am Tag ist das Mindeste, was Sie für Ihren Körper tun können.

an. Es ist dennoch sehr wichtig, dass kleine Mädchen und junge Frauen regelmäßig Lebensmittel mit einem hohen Kalziumanteil essen.

Drittens ist der Kalziumbedarf während Schwangerschaft und Stillzeit erhöht: In dieser Phase sollten Sie etwa 400 Milligramm mehr Kalzium täglich bekommen als die übliche Menge von 800 bis 1000 Milligramm.

Viertens können Sie den Kalziumbedarf mit der Ernährung beeinflussen: Wenn Sie reichlich tierisches Fett und Eiweiß essen, z. B. Fleisch und Wurst, Butter und fettreiche Süßigkeiten, brauchen Sie mehr Kalzium. Umgekehrt ist der Kalziumbedarf bei Menschen, die vorwiegend vegetarisch leben, geringer. Denn die Kalziumaufnahme ist bei dieser Ernährungsweise größer.

Und: Der Körper kann Kalzium aus tierischen Lebensmitteln zwar besser verwerten als aus Gemüse, Nüssen oder Sojaprodukten. Aber wenn er Milchprodukte nicht so reichlich bekommt, geht er sozusagen ans »Eingemachte« und holt sich zusätzlich aus dem körpereigenen Kalziumdepot, was er braucht.

Jeder Mensch hat seinen individuellen Kalziumbedarf je nach Alter, Geschlecht, Lebens- und Ernährungsgewohnheiten.

Die 800-Milligramm-Grenze

Eine umfangreiche Studie zur vegetarischen Ernährung hat gezeigt, dass gesunde Erwachsene auch mit weniger Kalzium auskommen als den empfohlenen 800 Milligramm pro Tag. Bei Kindern jedoch darf man keinesfalls auf kalziumreiche Lebensmittel wie Milch und Milchprodukte verzichten – allerdings nicht nur wegen der Kalziumzufuhr, sondern vor allem auch wegen der Versorgung mit dem lebenswichtigen Vitamin B12. Auch spielt es eine Rolle, ob Sie Ihren Körper durch Schwerarbeit oder Leistungssport stark beanspruchen: Kalzium wird auch beim Schwitzen ausgeschieden. Wenn Sie also immer schweißtreibenden Tätigkeiten nachgehen, müssen Sie kalziumreicher essen. Natürlich gilt das nicht für Freizeitsportler: Joggen, Ski fahren, Tennisspielen, Rad fahren oder Golf sind bei den meisten Menschen ja nur der gesunde Ausgleich für zu wenig Bewegung. Auf die Ernährung haben sie keinen Einfluss. Des Weiteren ist bei bestimmten Erkrankungen, z. B. bei Osteoporose, eine sehr hohe Kalziumzufuhr notwendig. Die tägliche Menge sollten Sie nicht selbst festlegen, sondern mit dem behandelnden Arzt absprechen.

Die natürlichen Kalziumlieferanten

Welche Lebensmittel liefern viel Kalzium? An erster Stelle Milch und alles, was aus Milch hergestellt wird, also Käse und Sauermilchprodukte. Das Kalzium aus Milch und Milchprodukten kann unser Körper besonders gut aufnehmen, während er das Kalzium aus Gemüse oder Obst nur schlecht verwerten kann. Das liegt an zwei Inhaltsstoffen, dem Kasein und dem Milchzucker. Kasein bewirkt, dass Sie Kalzium aus anderen

Regelmäßige Bewegung kann vorbeugend gegen Osteoporose wirken und sogar bei einer bereits bestehenden Erkrankung die Symptome mildern. Der Knochenaufbau wird durch sportliche Betätigung gefördert.

Der individuelle Kalziumbedarf im Überblick

Für alle oben genannten Bedarfsmengen gibt es Empfehlungen von der Deutschen Gesellschaft für Ernährung:

- 800 mg Kalzium pro Tag für gesunde Erwachsene unter 50 Jahren
- 1000 mg Kalzium für Kinder und Jugendliche in der Wachstumsphase
- 1200 mg für Schwangere und stillende Mütter
- 1500 mg pro Tag für Erwachsene über 50 Jahre
- 2000 bis 2500 mg Kalzium für Patienten, die wegen Osteoporose in Behandlung sind

Meiden Sie abgepackte Fleisch- und Wurstwaren sowie Schmelzkäse, da diese Lebensmittel oft größere Mengen Phosphor enthalten. Im Überschuss aufgenommen, stört dieser Mineralstoff die Kalziumaufnahme.

Lebensmittel, z. B. aus Gemüse, besser nutzen können. Auch fettreiche Milchprodukte wie Sahne und Crème fraîche liefern Kalzium, jedoch in geringeren Mengen. Fett nämlich verringert die Kalziummenge, die wir aus einem Lebensmittel aufnehmen können. Dieser Tatsache wurde in den Rezepten Rechnung getragen: Meist werden für die Zubereitung fettarme Milch und Milchprodukte vorgeschlagen.

Relativ viel Kalzium kommt in bestimmten Gemüsesorten wie Grünkohl, Brokkoli, grünen Bohnen, Lauch (Porree), Weißkohl und Wirsing sowie in den Kräutern Petersilie und Schnittlauch vor. Übrigens enthalten auch Spinat und Mangold viel Kalzium. Davon kann der Körper jedoch nicht profitieren, weil in diesen Gemüsen auch reichlich Oxalsäure steckt. Sie verhindert, dass wir das Kalzium nutzen können. Andere pflanzliche Lebensmittel liefern ebenfalls Kalzium: Nüsse, Sesam und Sojaprodukte wie Tofu, Sojasprossen und Sojamehl.

Bei Fleisch, Wurst und Fisch ist der Kalziumgehalt gering. Deshalb finden Sie in diesem Buch auch vorwiegend vegetarische Gerichte.

Gesundes Grün: 100 Gramm frischer Brokkoli enthält 105 Milligramm Kalzium.

Warum kommt es zu Kalziummangel?

In den meisten Fällen entsteht Kalziummangel, weil zu wenig Milchprodukte auf dem Speisezettel stehen. Manche Menschen mögen Milch pur einfach nicht. Andere leiden an Milchzuckerunverträglichkeit. In beiden Fällen steigen Sie am besten auf Sauermilchprodukte wie Joghurt oder Kefir um. Denn bei der Säuerung wandeln Bakterien den Milchzucker in Milchsäure um, der Milchgeschmack verändert sich. Viele Kinder schätzen Käse als Brotbelag nicht besonders. In einer Nudelsauce, im Auflauf, Risotto oder herzhaftem Kuchen essen sie ihn hingegen gerne. Auch dazu finden Sie eine Reihe von Rezepten in diesem Buch. Oder Sie bereiten Süßspeisen mit Quark, Joghurt und Dickmilch – sicher die einfachste Methode, Kinder mit Kalzium zu versorgen.

Gerade bei Frauen in den Wechseljahren ist eine ausreichende Kalziumversorgung wichtig. Infolge der geringeren Östrogenbildung sind sonst die Knochen weniger geschützt.

Wann man mehr braucht

Zu Kalziummangel kann es auch kommen, wenn Sie Ihren Bedarf nicht kennen. Wussten Sie etwa, dass Sie als Frau ohnehin mehr Kalzium brauchen und dass sich Ihr Bedarf noch steigert, wenn Sie ein Kind erwarten oder Ihr Baby stillen? Und wer von uns denkt schon daran, ab dem 50. Lebensjahr sein Ernährungsverhalten zu ändern? Das ist jedoch notwendig, denn mit zunehmendem Alter kann der Körper das Kalzium aus der Nahrung nicht mehr so gut nutzen. Deshalb muss dann die Kalziumzufuhr erhöht werden. Zu extremem Kalziummangel kommt es auch bei bestimmten Erkrankungen, z. B. nach Magenoperationen, bei Leberleiden und Diabetes. Die Therapie kann in solchen Fällen allerdings nur der behandelnde Arzt bestimmen. Nehmen Sie nicht einfach Kalziumpräparate ein, denn auch zu viel Kalzium kann schaden.

Genügend Kalzium jeden Tag

Hier sind die Empfehlungen der Deutschen Gesellschaft für Ernährung (DGE) in die Praxis umgesetzt: Sie finden zu den genannten Zufuhrmengen je drei Beispiele für kalziumreiche Tagesmahlzeiten, zusammengestellt aus den Rezepten dieses Buchs.

Etwa 800 mg Kalzium pro Tag

- Beeren mit Kefir (Rezept Seite 20)
- Quarkschmarren mit Salat (Rezept Seite 86)
- Frischkäse mit Parmesan und Nüssen (Rezept Seite 46), dazu Pellkartoffeln oder Brot

Oder:

- Milchkaffee (Rezept Seite 26)
- Fischfilets mit bunter Joghurtsauce (Rezept Seite 107)
- Gurkensalat mit Quarkbroten (Rezept Seite 48)

Oder:

- Bananenmilch (Rezept Seite 26)
- Salat mit Käsesauce (Rezept Seite 45)
- Brokkoli-Lauch-Torte (Rezept Seite 98)

Etwa 1000 mg Kalzium pro Tag

- Bananenquark (Rezept Seite 15), dazu Zwieback oder Butterbrot
- Nudelauflauf mit Käse (Rezept Seite 101), dazu Salat
- Apfelgratin (Rezept Seite 22)

Oder:

- Erdbeermilch (Rezept Seite 25)

- Überbackene Kalbskoteletts mit Brokkoli (Rezept Seite 100)
- Apfelrohkost mit Joghurt (Rezept Seite 49)

Oder:

- Kalte Milchsuppe mit Beeren (Rezept Seite 13)
- Risotto mit Käse und Tomaten (Rezept Seite 43)
- Quarkauflauf mit Zwetschgen und Nüssen (Rezept Seite 16)

Etwa 1200 mg Kalzium pro Tag

- Pfirsichquark mit Mandeln (Rezept Seite 19)
- Lasagne mit Gemüse und Pilzen (Rezept Seite 78)
- Brokkoli mit Kartoffeln und Sprossen (Rezept Seite 29)

Oder:

- Brombeermilch (Rezept Seite 27)
- Hähnchencurry (Rezept Seite 108)
- Käsekartoffeln aus dem Ofen (Rezept Seite 50)

Oder:

- Herzhafte Käsecreme (Rezept Seite 49), dazu Vollkornbrot oder Toast

- Käsespätzle (Rezept Seite 76)
- Erbsensuppe mit Estragon (Rezept Seite 33)

Etwa 1500 mg Kalzium pro Tag

- Milchkaffee (Rezept Seite 26)
- Gemüseauflauf (Rezept Seite 80)
- Nussgrieß mit Obst (Rezept Seite 17)

Oder:

- Quarkcreme mit Nüssen (Rezept Seite 46)
- Schweinekoteletts mit Wirsing
(Rezept Seite 110)
- Kartoffelgulasch mit Lauch
(Rezept Seite 35)

Oder:

- Mandelmilch (Rezept Seite 26)
- Lauchgratin mit buntem Salat
(Rezept Seite 96)
- Buttermilchsuppe mit Kräutern
(Rezept Seite 32)

Bei sehr stark erhöhtem Kalziumbedarf können Sie – nach Rücksprache mit Ihrem Arzt – auch wie folgt kombinieren:

Etwa 2000 mg Kalzium pro Tag

- Brombeermilch (Rezept Seite 27)
- Bunte Bohnensuppe (Rezept Seite 31) und
Frischkäsesoufflé (Rezept Seite 52)
- Käsewaffeln mit Sauerkraut
(Rezept Seite 79)

Oder:

- Dickmilch mit Erdbeeren (Rezept Seite 20)
- Blumenkohlsuppe (Rezept Seite 30) und
Goldbarsch mit Grünkohl (Rezept Seite 105)

- Lauchgratin mit buntem Salat
(Rezept Seite 96)

Oder:

- Bananenquark (Rezept Seite 15) und
Milchkaffee (Rezept Seite 26)
- Gemüseauflauf (Rezept Seite 80)
- Gebackener Camembert mit Radieschen-
salat (Rezept Seite 47)

Etwa 2500 mg Kalzium pro Tag

- Beeren mit Kefir (Rezept Seite 20)
- Käsesuppe mit Spargel (Rezept Seite 32)
und Quarkfrikadellen mit Gemüse
(Rezept Seite 82)
- Käsesalat mit Obst (Rezept Seite 51), dazu
Vollkornbrot, danach Himbeercreme mit
Cassis (Rezept Seite 119)

Oder:

- Milchkaffee (Rezept Seite 26) und
herzhafte Käsecreme (Rezept Seite 49),
dazu Toast
- Apfelrohkost mit Joghurt (Rezept Seite 49)
und überbackene Kalbskoteletts mit
Brokkoli (Rezept Seite 100)
- Gefüllte Paprikaschoten (Rezept Seite 71)
und Erdbeermilch (Rezept Seite 25)

Oder:

- Pfirsichquark mit Mandeln (Rezept Seite 19)
und Milchkaffee (Rezept Seite 26)
- Gebackene Käsebrote und Gurkensalat
(Rezept Seite 50)
- Tomatensuppe mit Kräutern
(Rezept Seite 39) und Rohkostplatte mit Tofu
(Rezept Seite 84)

Süßes und etwas zum Frühstück

Ein ausgewogenes Frühstück bietet Ihnen den optimalen Start in den Tag. Sie sollten sich deshalb auch jeden Morgen Zeit nehmen, Ihre erste Mahlzeit in aller Ruhe zu genießen, und sie nicht hektisch herunterschlingen.

Kalte Milchsuppe mit Beeren

Zutaten für 4 Personen
1 TL Speisestärke • 3/4 l Milch (1,5 %) • 1 TL gemahlene Vanille 1 TL abgeriebene Schale von 1 unbehandelten Zitrone 1 Prise Salz • 1 EL Zucker • 500 g gemischte Beeren wie Brombeeren, Himbeeren und Erdbeeren • 125 g Sahne (30 %) 1 EL ungesüßter Sanddornsirup • 1 TL Honig • 50 g Haselnusskerne • 50 g Vollmilchschokolade

1 Die Speisestärke mit 2 Esslöffeln Milch glatt rühren. Die restliche Milch mit Vanille, Zitronenschale, Salz und Zucker aufkochen. Die Speisestärke darunter mischen und noch einmal aufkochen. Auf tiefen Tellern verteilen und etwa 2 Stunden kühlen.
2 Die Beeren verlesen, abzupfen, gegebenenfalls waschen und trockentupfen. Große Früchte halbieren. Die Beeren in die Milchsuppe geben.
3 Die Sahne steif schlagen. Den Sanddornsirup und den Honig darunter mischen. Die Sahne auf den Beeren verteilen.
4 Die Nüsse hacken, die Schokolade raspeln. Beides mischen und über die Milchsuppe streuen.

Zubereitungszeit: 25 Minuten; Kühlzeit: 2 Stunden
Pro Portion:
1670/398 kJ/kcal
11 g Eiweiß
25 g Fett
30 g Kohlenhydrate
7 g Ballaststoffe
41 mg Cholesterin
362 mg Kalzium

Warum nicht einmal eine Suppe zum Frühstück servieren?

Überbackene Quarkeierkuchen

**Zubereitungs-
zeit: 1 Stunde
und 35 Minuten
Pro Portion:
3121/744 kJ/kcal
33 g Eiweiß
44 g Fett
54 g Kohlen-
hydrate
3 g Ballaststoffe
423 mg Kalzium**

Zutaten für 4 Personen

*Für den Teig: 100 g Mehl • Salz • 1/4 l Milch (1,5 %) • 2 Eier
2 EL Öl
Für die Füllung: 500 g Magerquark • 50 g Zucker
abgeriebene Schale von 1/2 unbehandelten Zitrone
1/2 TL gemahlene Vanille • 50 g Orangenkonfitüre
1 Ei • 125 g Sahne (30 %) • 100 g gemahlene Haselnusskerne
Zum Überbacken: 1/4 l Milch (1,5 %) • 25 g Butter*

1 Das Mehl mit Salz und der Milch in einer Schüssel verrühren. Die Eier darunter mischen. Den Teig zugedeckt 10 Minuten ruhen lassen.

2 Zum Backen der Eierkuchen eine Pfanne bei starker Hitze so heiß werden lassen, dass ein Wassertropfen darin zischend verdampft. 1 Esslöffel Öl hinzufügen und die Pfanne schwenken, damit sich das Öl verteilt.

3 1/2 Schöpfkelle Teig in die Pfanne geben und ebenfalls durch Schwenken gleichmäßig verteilen. Den Eierkuchen zugedeckt bei mittlerer Hitze auf der Unterseite

etwa 3 Minuten backen, bis der Teig an der Oberseite nicht mehr flüssig ist und die Ränder des Eierkuchens sich nach oben biegen. Den Eierkuchen wenden und in der offenen Pfanne fertig backen.

4 Nacheinander auf diese Weise bei mittlerer bis schwacher Hitze noch etwa 7 Eierkuchen backen; zwischendurch die Pfanne leicht ölen. Die fertigen Eierkuchen auf einen Teller schichten und abkühlen lassen, während Sie die Füllung zubereiten.

5 Den Quark mit dem Zucker, der Zitronenschale, der Vanille und der

Orangenkonfitüre verrühren. Das Ei trennen. Das Eigelb unter den Quark mischen. Das Eiweiß und die Sahne getrennt steif schlagen und auf den Quark geben. Die Nüsse darüber streuen. Alles vorsichtig verrühren, bis sich alle Zutaten miteinander verbunden haben.

6 Jeweils einen Eierkuchen auf der Arbeitsfläche ausbreiten, mit Quarkcreme bestreichen und 2-mal zur Mitte hin falten. Die Eierkuchen dachziegelartig in eine ofenfeste Form mit niedrigem Rand schichten.

7 Die Form auf dem Rost in den kalten Backofen schieben. Den Ofen auf 200 °C (Umluft 180 °C, Gas Stufe 3–4) schalten. Die Eierkuchen 15 Minuten backen.

8 Inzwischen die Milch mit der Butter erhitzen, bis die Butter zerlaufen ist. Die Mischung über die Eierkuchen gießen. Alles weitere 15 bis 20 Minuten backen, bis die Milch fast aufgesogen ist. Dazu passt Zwetschgen- oder Aprikosenkompott.

Bananenquark

Zutaten für 2 Personen
2 reife Bananen (etwa 300 g) • Saft von 1 kleinen Orange
1 EL Honig • 150 g Magerquark • 125 g Sahne (30 %)
50 g Sesamsamen

**Zubereitungszeit:
15 Minuten
Pro Portion:
2213/528 kJ/kcal
18 g Eiweiß
32 g Fett
42 g Kohlenhydrate
6 g Ballaststoffe
57 mg Cholesterin
357 mg Kalzium**

1 Die geschälten Bananen in Scheiben schneiden und mit dem Orangensaft, dem Honig und dem Quark im Mixer pürieren.

2 Die Sahne steif schlagen und unter den Quark heben. Den Bananenquark in Schälchen füllen und mit dem Sesam bestreuen.

»Quark macht stark«, kein Zweifel: Mit diesem Auflauf versorgen Sie Ihren Körper optimal mit Energie.

Quarkauflauf mit Nüssen und Zwetschgen

Zubereitungszeit: 1 Stunde und 30 Minuten; Backzeit: 1 Stunde
Pro Portion:
3016/721 kJ/kcal
35 g Eiweiß
45 g Fett
42 g Kohlenhydrate
12 g Ballaststoffe
269 mg Cholesterin
340 mg Kalzium

Zutaten für 4 Personen
750 g Zwetschgen · 75 g Zucker · 50 g Butter · 1 Prise Salz
abgeriebene Schale von 1 kleinen unbehandelten Zitrone
4 Eier · 500 g Magerquark · 200 g gemahlene Mandeln
1 Messerspitze Backpulver

1 Die Zwetschgen gründlich waschen, trockentupfen und halbieren. Die Steine herauslösen. Die Zwetschgen mit 1 Esslöffel Zucker vermischen und in eine ofenfeste Form mit hohem Rand geben.

2 Die weiche Butter, den restlichen Zucker, das Salz und die Zitronenschale mit dem Handrührgerät schaumig quirlen, bis die Masse hellbraun gefärbt ist.
3 Die Eier trennen. Das Rührgerät auf die nied-

rigste Schaltstufe stellen. Zuerst nacheinander die Eigelbe, dann esslöffelweise den Magerquark darunter rühren.

4 Das Eiweiß steif schlagen und gleichmäßig auf dem Teig verstreichen. Die Mandeln mit dem Backpulver vermischt darüber streuen. Alles gerade so lange vermischen, bis sich die Zutaten miteinander verbunden haben.

5 Den Teig auf den Zwetschgen glatt streichen. Form in den kalten Backofen auf die unterster Schiene stellen. Den Ofen auf 180 °C (Umluft 160 °C, Gas Stufe 2–3) schalten. Den Quarkauflauf 1 Stunde backen, bis der Teig gestockt und leicht gebräunt ist.

Nussgrieß mit Obst

Zutaten für 4 Personen
3/4 l Milch (1,5 %) · 1 Prise Salz · abgeriebene Schale von 1 kleinen unbehandelten Orange · 50 g Zucker · 120 g Hartweizengrieß · 450 g Magerjoghurt · 2 EL Sahne (30 %) 2 EL Nussmus · 2 Bananen · 2 Kiwis

Zubereitungszeit: 25 Minuten
Pro Portion:
1831/437 kJ/kcal
16 g Eiweiß
12 g Fett
63 g Kohlenhydrate
5 g Ballaststoffe
19 mg Cholesterin
438 mg Kalzium

1 Die Milch mit dem Salz, der Orangenschale und dem Zucker aufkochen. Den Grieß unter Rühren langsam einstreuen und weiterrühren, bis er keine Klümpchen mehr bildet. Den Brei zugedeckt bei schwacher Hitze ungefähr 5 Minuten garen.

2 Den Joghurt, die Sahne und das Nussmus unter den heißen Grießbrei rühren. Den Nussgrieß auf Dessertschälchen verteilen.

3 Die Bananen und die Kiwis schälen, in Scheiben schneiden und schuppenförmig auf den Nussgrieß legen.

Flockenmüsli mit Äpfeln

Quellzeit:
5 Stunden
Zubereitungs-
zeit: 30 Minuten
Pro Portion:
2129/509 kJ/kcal
13 g Eiweiß
16 g Fett
77 g Kohlen-
hydrate
10 g Ballast-
stoffe
22 mg Chole-
sterin
267 mg Kalzium

Zutaten für 4 Personen
150 g Vollkorngetreideflocken • 1/2 l Milch • 150 g Joghurt
(3,5 %) • 4 Äpfel (etwa 600 g) • Saft von 1/2 Zitrone • 2 ent-
steinte Trockenpflaumen • 2 EL Honig • 50 g Korinthen
50 g gehackte Nusskerne • 2 EL Knusperflocken

1 Die Flocken mit der Milch und dem Joghurt verrühren und zugedeckt im Kühlschrank 5 Stunden quellen lassen.
2 Äpfel schälen, entkernen und raspeln. Mit Zitronensaft vermischen. Pflaumen zerkleinern.

3 Apfel und Pflaumen mit den eingeweichten Flocken, Honig, den Korinthen und Nüssen mischen.
4 Müsli auf Teller verteilen und gleichmäßig mit Knusperflocken bestreuen.

INFO Getreideflocken werden aus ganzen Körnern (»kernige Flocken«) oder aus Getreidegrütze (»zarte Flocken«) hergestellt. Die Auswahl ist auch im Supermarkt groß: Außer Haferflocken gibt es noch Weizen- oder Dinkelflocken.

Zwiebackmüsli

Zubereitungs-
zeit: 30 Minuten

Zutaten für 2 Personen
4 Scheiben Vollkornzwieback • 1/4 l Milch • 1 EL Mager-
joghurt • 2 kleine Äpfel • Saft von 1 Orange • 1 Banane
50 g Nusskerne • 1 EL Apfeldicksaft oder Ahornsirup

1 Den Zwieback zerkrümeln und in einer Schüssel mit Milch und Joghurt vermischen. Zugedeckt

15 Minuten ziehen lassen, bis der Zwieback weich ist.

2 Während der Zwieback weich wird, die Äpfel schälen, entkernen und das Fruchtfleisch grob raspeln. Mit dem Orangensaft vermischen. Die Banane schälen und zerdrücken, die Nüsse hacken. Obst und Nüsse mischen und auf den Zwiebackbrei geben.

3 Den Apfeldicksaft zugeben und alles mit den Quirlen des Handrührgeräts zu einem glatten Brei verrühren. Auf Teller verteilen.

Pro Portion:
1960/468 kJ/kcal
11 g Eiweiß
21 g Fett
57 g Kohlenhydrate
7 g Ballaststoffe
16 mg Cholesterin
270 mg Kalzium

TIPP Das Zwiebackmüsli eignet sich als schnelles Frühstück, da es nicht ausquellen muss. Statt dem Zwieback schmecken auch Vollkornkekse.

Pfirsichquark mit Mandeln

Zutaten für 4 Personen
500 g Magerquark · 1/8 l Milch (1,5 %) · 1 EL Honig
125 g Sahne (30 %) · 100 g abgezogene Mandeln
50 g Vollmilchschokolade · 500 g reife Pfirsiche

1 Den Quark mit der Milch und dem Honig verrühren. Die Sahne steif schlagen und vorsichtig unterheben.

2 Die Mandeln und die Schokolade fein hacken. Die Pfirsiche mit kochendem Wasser übergießen, kurz darin ziehen lassen, kalt abschrecken, abziehen und halbieren. Die Steine entfernen, Pfirsichhälften in kleine Stücke schneiden. Den Saft, der dabei austritt, unter den Quark mischen.

3 Den Quark, die Pfirsiche, die Mandeln und die Schokolade schichtweise in Dessertschälchen füllen.

Zubereitungszeit: 20 Minuten
Pro Portion:
2001/477 kJ/kcal
26 g Eiweiß
28 g Fett
31 g Kohlenhydrate
7 g Ballaststoffe
32 mg Cholesterin
310 mg Kalzium

Dickmilch mit Erdbeeren

**Zubereitungs-
zeit: 25 Minuten
Pro Portion:
2423/580 kJ/kcal
17 g Eiweiß
31 g Fett
54 g Kohlen-
hydrate
11 g Ballaststoffe
55 mg Chole-
sterin
448 mg Kalzium**

Zutaten für 2 Personen
*500 g Dickmilch (3,5%) · 50 g Pumpernickel · 50 g gehackte
Mandeln · 40 g Zucker · 1 TL Zimtpulver · 500 g Erdbeeren
50 g Sahne (30 %)*

1 Die Dickmilch mit dem Schneebesen schaumig schlagen und in tiefe Teller gießen.
2 Den Pumpernickel im Toaster rösten, erkalten lassen und fein zerbröckeln. Die Brösel mit den gehackten Mandeln, dem Zucker und dem Zimtpulver vermischen und auf die Dickmilch streuen.
3 Die Erdbeeren waschen, trockentupfen, abzupfen, in Stücke schneiden und auf der Dickmilch verteilen. Die flüssige Sahne darüber träufeln.

Beeren mit Kefir

**Zubereitungs-
zeit: 15 Minuten
Pro Portion:
1921/458 kJ/kcal
11 g Eiweiß
26 g Fett
39 g Kohlen-
hydrate
15 g Ballaststoffe
36 mg Chole-
sterin
352 mg Kalzium**

Zutaten für 2 Personen
*200 g Himbeeren · 200 g Schwarze Johannisbeeren
50 g Haselnusskerne · 1 EL Vanillezucker · 300 g Kefir
50 g Crème fraîche · 1 EL flüssiger Honig · etwas abgeriebene Schale von 1 unbehandelten Zitrone*

1 Die Himbeeren verlesen, die Johannisbeeren vorsichtig mit einer Gabel von den Stielen streifen. Die Nüsse hacken. Alle Zutaten mischen und in tiefe Teller verteilen. Den Vanillezucker darüber streuen.
2 Den Kefir mit der Crème fraîche, dem Honig und der abgeriebenen Zitronenschale in eine Schüssel geben und mit

den Quirlen des Hand-
rührgeräts schaumig
schlagen.

3 Die Mischung über die
Beeren gießen und sofort
servieren.

TIPP Vanillezucker können Sie auf Vorrat selbst machen: Eine Vanilleschote der Länge nach aufschneiden
und das Mark mit der Messerspitze herauskratzen. Mit
100 Gramm Zucker in ein Schraubglas geben. Die Schote in 2 Zentimeter lange Stücke schneiden und dazugeben. Alles mischen, das Glas schließen und den Zucker
etwa 1 Woche durchziehen lassen, bevor Sie ihn verwenden. Fest verschlossen und trocken aufbewahrt, hält sich
der Vanillezucker jahrelang. Füllen Sie nur immer wieder Zucker nach, und wechseln Sie auch die Schote
jedes Jahr aus.

Schrotmüsli mit gemischtem Obst

Zutaten für 4 Personen
60 g Sechskorngetreide • 500 g Kefir • 1/8 l Milch • 2 säuer-
liche Äpfel • 1 Banane • 100 g gehackte Cashewnusskerne
50 g Korinthen • 2 EL Sahne • 2 EL flüssiger Honig

1 Das Getreide in der Ge-
treidemühle grob schro-
ten, mit dem Kefir vermi-
schen und zugedeckt im
Kühlschrank 5 Stunden
quellen lassen.
2 Zum Servieren die
Milch erhitzen und unter
den Schrotbrei mischen.
Die Äpfel schälen, ent-
kernen und das Frucht-
fleisch in kleine Stücke
schneiden. Die geschälte
Banane grob zerdrücken.
3 Den Schrotbrei mit dem
Obst vermischen und auf
Teller verteilen. Mit Ca-
shewnüssen und Korinthen
bestreuen. Sahne und Ho-
nig darüber träufeln.

**Quellzeit:
5 Stunden
Zubereitungs-
zeit: 30 Minuten
Pro Portion:
1802/430 kJ/kcal
12 g Eiweiß
19 g Fett
50 g Kohlen-
hydrate
4 g Ballaststoffe
27 mg Chole-
sterin
218 mg Kalzium**

Hirsemüsli mit Kirschen

**Zubereitungs-
zeit: 10 Minuten
Pro Portion:
2012/481 kJ/kcal
12 g Eiweiß
19 g Fett
63 g Kohlen-
hydrate
5 g Ballaststoffe
21 mg Chole-
sterin
201 mg Kalzium**

Zutaten für 4 Personen
300 g Joghurt · 1 EL Nussmus · 2 EL Obstdicksaft · 1/8 l Milch
2 EL Sahne · 500 g Kirschen · 150 g knusprige Hirseflocken
50 g Korinthen · 50 g Sonnenblumenkerne

1 Den Joghurt mit dem Nussmus, dem Obstdick-saft, der Milch und der Sahne verrühren.
2 Die Kirschen von den Stielen zupfen, gründlich waschen, trockentupfen und nach Wunsch ent-steinen.
3 Kirschen auf Teller verteilen und mit der Joghurtmischung überzie-hen. Flocken, Korinthen und Kerne darüber streuen.

Apfelgratin

**Zubereitungs-
zeit: 45 Minuten;
davon Backzeit:
30 Minuten
Pro Portion:
2615/625 kJ/kcal
9 g Eiweiß
36 g Fett
64 g Kohlen-
hydrate
9 g Ballaststoffe
60 mg Chole-
sterin
239 mg Kalzium**

Zutaten für 4 Personen
700 g säuerliche Äpfel (Boskop, Gravensteiner oder
Glockenapfel) · Saft von 1 kleinen Zitrone · 100 g entsteinte
Trockenpflaumen · 100 g Haselnusskerne · 100 g Korinthen
1/4 l Milch (1,5 %) · 250 g Sahne (30 %) · 1 EL Zucker
2 TL Zimtpulver

1 Die Äpfel im Ganzen schälen, die Kerngehäuse in der Mitte gründlich herausstechen. Die Äpfel mit dem Gurkenhobel in möglichst dünne Scheiben hobeln und schuppen-förmig in eine ofenfeste Form mit niedrigem Rand schichten. Den Zitronen-saft darüber träufeln.
2 Die Trockenpflaumen grob, die Haselnusskerne möglichst fein hacken. Beide Zutaten mit den Korinthen vermischt gleichmäßig über die Äpfel verteilen.

3 Milch und Sahne vermischen und rundherum am Rand des Gratins dazugießen. Den Zucker und den Zimt vermischen und darüber streuen.
4 Die Form auf den Rost in den kalten Backofen (Mitte) stellen. Den Ofen auf 200 °C (Umluft 180 °C, Gas Stufe 3–4) schalten. Das Gratin etwa 30 Minuten backen, bis es oben schön gebräunt und die Flüssigkeit aufgesogen ist.

Hafermüsli mit Weintrauben

Zutaten für 4 Personen
150 g Vollkornhaferflocken • 500 g Buttermilch
150 g Joghurt (3,5 %) • 2 EL Sahne • 1–2 EL Agavendicksaft
600 g blaue und weiße Weintrauben • 50 g Korinthen
100 g gehackte Walnusskerne • 1 EL Schokoladenraspel

Pro Portion:
2366/466 kJ/kcal
15 g Eiweiß
24 g Fett
71 g Kohlenhydrate
6 g Ballaststoffe
16 mg Cholesterin
265 mg Kalzium

1 Die Flocken mit der Milch, dem Joghurt, der Sahne und dem Agavendicksaft verrühren und zugedeckt quellen lassen, bis die Trauben vorbereitet sind.
2 Die Weintrauben waschen, von den Stilen zupfen, halbieren und die Kerne eventuell herauslösen. Zusammen mit den Korinthen und den Walnüssen unter die Flockenmischung rühren. Das Müsli mit den Schokoladenraspeln bestreut servieren.

TIPP Für eine gesunde Ernährung sind Vollkornhaferflocken am besten geeignet. In Produkten aus ganzen Haferkörnern sind Glukane enthalten, eine bestimmte Gruppe von Ballaststoffen, die viel für die Gesundheit tun. Z. B. stärken sie das Immunsystem und senken den Cholesterinspiegel.

Gesunde Getränke

Kaum ein Lebensmittel hat so viel Gehalt an Kalzium wie die Milch. Oft lehnen aber gerade Kinder, die einen besonders hohen Kalziumbedarf haben, Milch pur als Getränk ab. Es ist jedoch gar nicht schwer, ihnen die Kalziumbombe Milch etwas zu versüßen.

Die Nährwertangaben beziehen sich immer auf eine Portion.

Apfelmilch

Zutaten für 2 Personen
1 großer Apfel · 1 EL Honig · 300 g Buttermilch · etwas Zimt

Den geschälten und klein geschnittenen Apfel mit dem Honig, der Butter- milch und einer Prise Zimt im Mixer pürieren und sofort trinken.

516/124 kJ/kcal
5 g Eiweiß
1 g Fett
22 g Kohlen- hydrate
2 g Ballaststoffe
5 mg Chole- sterin
171 mg Kalzium

Erdbeermilch

Zutaten für 2 Personen
200 g tiefgefrorene Erdbeeren · 1 EL Honig · 1 EL ungesüßter Sanddornsirup · 300 g Dickmilch (3,5 %) · 1/8 l Milch (1,5 %)

Die Erdbeeren mit dem Honig, dem Sanddorn- sirup, der Dickmilch und der Milch im Mixer pürie- ren. In Gläser füllen und servieren.

832/199 kJ/kcal
8 g Eiweiß
7 g Fett
23 g Kohlen- hydrate
2 g Ballaststoffe
23 mg Chole- sterin
285 mg Kalzium

TIPP Nehmen Sie für Mixgetränke am besten fettarme Milch- und Sauermilchprodukte wie entrahmte Milch, Buttermilch oder Magerjoghurt. Der Körper kann das Kalzium in fettärmeren Lebensmitteln besser verwerten.

Milchmixgetränke: der leichte Kalziumschub.

Bananenmilch

734/176 kJ/kcal
9 g Eiweiß
1 g Fett
30 g Kohlen-
hydrate
1 g Ballaststoffe
8 mg Cholesterin
280 mg Kalzium

Zutaten für 2 Personen
1 Banane • 1 EL Zucker • 1 EL Zitronensaft • 500 g Buttermilch

1 Die Banane schälen, in Scheiben schneiden, mit den restlichen Zutaten im Mixer pürieren.

2 Die Milch in Gläser füllen und vor dem Servieren etwa 30 Minuten kühlen.

Mandelmilch

1474/353 kJ/kcal
14 g Eiweiß
24 g Fett
17 g Kohlen-
hydrate
4 g Ballaststoffe
62 mg Chole-
sterin
392 mg Kalzium

Zutaten für 2 Personen
50 g abgezogene Mandeln • 500 g Dickmilch (3,5 %)
50 g Vanilleeiscreme • 2 EL Orangensaft

1 Mandeln, Milch, Eis und Orangensaft im Mixer pürieren.

2 Die Mandelmilch auf Portionsgläser verteilen und sofort servieren.

Milchkaffee

683/162 kJ/kcal
9 g Eiweiß
4 g Fett
22 g Kohlen-
hydrate
0 g Ballaststoffe
15 mg Chole-
sterin
303 mg Kalzium

Zutaten für 1 Person
1/4 l Milch (1,5 %) • 1 TL Instantkaffeepulver • 1 TL Instant-kakaopulver • 1 Messerspitze gemahlene Vanille
nach Geschmack 1 TL Honig

1 Die Milch erhitzen, aber nicht aufkochen.
2 Den Kaffee, den Kakao und die Vanille in einer Tasse vermischen.

3 Die kochend heiße Milch unter ständigem Rühren dazugießen. Nach Wunsch mit dem Honig süßen.

Brombeermilch

Zutaten für 2 Personen
400 g Brombeeren • 50 g Vanilleeis • 1 TL Honig
1/2 l Milch (1,5 %) • 1 EL Sahne (30 %) • 2 Minzezweige

1 Die Brombeeren verlesen, waschen und vorsichtig trockentupfen.
2 Die Beeren mit dem Eis, dem Honig, der Milch und der Sahne im Mixer pürieren.
3 Die Milch in Gläser füllen und mit den Minzezweigen garnieren.

1095/261 kJ/kcal
12 g Eiweiß
10 g Fett
27 g Kohlenhydrate
13 g Ballaststoffe
52 mg Cholesterin
419 mg Kalzium

Vitamindrink

Zutaten für 4 Personen
1/4 l Maracujasaft • Saft von 1 Zitrone • 400 g Joghurt
Honig • Mineralwasser

Den Maracuja- und den Zitronensaft mit dem Joghurt im Mixer verrühren. Nach Geschmack mit Honig süßen. Die Mischung in ein Glas geben und mit Mineralwasser auffüllen.

547/131 kJ/kcal
5 g Eiweiß
4 g Fett
16 g Kohlenhydrate
0 g Ballaststoffe
14 mg Cholesterin
143 mg Kalzium

Möhrendrink

Zutaten für 2–3 Personen
1/4 l Möhrensaft • Saft von 1 Orange • 1 EL Ahornsirup
300 g Dickmilch

Möhren- und Orangensaft gründlich mixen und mit Ahornsirup süßen. Die Mischung mit der Dickmilch vermengen und nochmals mixen.

504/121 kJ/kcal
5 g Eiweiß
4 g Fett
16 g Kohlenhydrate
1 g Ballaststoffe
13 mg Cholesterin
173 mg Kalzium

Suppen und Eintöpfe

Mit diesen vielfältigen Rezeptideen für Suppen und Eintöpfe können Sie Abwechslung in Ihren Speiseplan bringen. Ob als Vorspeise oder Hauptgericht: Bei so vielen Varianten von gutbürgerlich bis raffiniert kann gar keine Langeweile aufkommen.

Brokkoli mit Kartoffeln und Sprossen

Zutaten für 4 Personen

600 g Kartoffeln (fest kochende Sorte) • 600 g Brokkoli (tiefgekühlt) • 1/8 l Milch (1,5 % Fett) • 3 EL Wasser • 1 TL Instantgemüsebrühe • 100 g Sojasprossen • 2 Tomaten (etwa 150 g) 1 großes Bund Schnittlauch • 200 g saure Sahne • Salz, frisch gemahlener schwarzer Pfeffer

Zubereitungszeit: 45 Minuten
Pro Portion:
1123/267 kJ/kcal
12 g Eiweiß
12 g Fett
27 g Kohlenhydrate
9 g Ballaststoffe
34 mg Cholesterin
277 mg Kalzium

1 Kartoffeln schälen, waschen und würfeln. Mit dem gefrorenen Brokkoli, der Milch, dem Wasser und der Brühe in einen Topf geben, einmal aufkochen und zugedeckt bei schwacher bis mittlerer Hitze etwa 20 Minuten garen, bis das Gemüse weich ist.

2 Inzwischen die Sojasprossen kalt abspülen und abtropfen lassen. Die Tomaten abziehen und würfeln, dabei die Stielansätze sorgfältig herausschneiden. Den Schnittlauch fein hacken.

3 Die Sprossen und die Tomaten unter das Gemüse mischen und unter Rühren etwa 5 Minuten garen.

4 Den Schnittlauch und die Sahne darunter mischen und kurz erhitzen. Den Eintopf mit Salz und schwarzem Pfeffer abschmecken.

Frische Sprossen sind reich an Kalzium und Eisen. Sie geben dem Brokkoli-Kartoffel-Eintopf geschmacklich den letzten Pfiff.

Blumenkohlsuppe

**Zubereitungs-
zeit: 35 Minuten
Pro Portion:
886/211 kJ/kcal
6 g Eiweiß
15 g Fett
13 g Kohlen-
hydrate
3 g Ballaststoffe
45 mg Chole-
sterin
132 mg Kalzium**

Zutaten für 4 Personen
1 Blumenkohl (etwa 400 g) • 1/2 unbehandelte Zitrone
1/4 l Wasser • Salz • 50 g Butter • 1 EL Mehl • 50 g Weizen-
vollkornbrot • 1 Knoblauchzehe • 1/4 l Milch (1,5 %)
125 g Sahne (10 %) • frisch gemahlener weißer Pfeffer
1/2 Bund Schnittlauch

1 Den Blumenkohl put-
zen, in Röschen, Strunk
und Blätter teilen und waschen. Die Zitronenschale
dünn abschneiden, in fei-
ne Streifen schneiden und
auf einem Teller beiseite
stellen. Saft auspressen.
2 Wasser mit Zitronensaft und Salz aufkochen.
Den Blumenkohl darin
etwa 10 Minuten garen,
bis er gerade eben bissfest
ist. Abgießen und das
Kochwasser auffangen.
3 Die Hälfte der Butter
in einem Topf zerlassen.
Mehl darin unter Rühren
goldgelb rösten. Blumen-
kohlbrühe langsam dazu-
gießen und weiterrühren,
bis die Suppe glatt ist.
Die Suppe zugedeckt bei
schwacher Hitze 5 Minu-
ten kochen lassen.

4 Inzwischen das Brot
würfeln, den Knoblauch
fein hacken. Die restliche
Butter in einer Pfanne
zerlassen. Das Brot darin
bei mittlerer bis schwa-
cher Hitze unter häufi-
gem Wenden goldbraun
rösten. Zum Schluss den
Knoblauch darunter
mischen.
5 Die Milch, die Sahne
und die Zitronenschale in
die Suppe rühren. Den
Blumenkohl hinzufügen
und die Suppe erhitzen,
aber nicht mehr aufko-
chen. Mit Salz und Pfeffer
abschmecken und auf
warme Teller verteilen.
Den Schnittlauch fein
hacken und mit dem
gerösteten Knoblauch-
brot auf den Suppen-
portionen verteilen.

Bunte Bohnensuppe

Zutaten für 4 Personen

*100 g weiße Bohnen · 1 l Wasser · 1 EL Instantgemüsebrühe
1 TL getrockneter Majoran · 1 Bund Frühlingszwiebeln
(etwa 250 g) · 2 EL Öl · 300 g Petersilienwurzeln
300 g dicke Bohnen (tiefgekühlt) · 125 g Sahne (10 %)
Salz, frisch gemahlener weißer Pfeffer · 50 g frisch geriebener Parmesan*

**Quellzeit:
8 Stunden
Zubereitungs-
zeit: 2 Stunden
Pro Portion:
1750/418 kJ/kcal
34 g Eiweiß
15 g Fett
36 g Kohlen-
hydrate
30 g Ballaststoffe
21 mg Chole-
sterin
346 mg Kalzium**

1 Die weißen Bohnen im Wasser in einem Kochtopf etwa 8 Stunden zugedeckt bei Zimmertemperatur einweichen.

2 Die Gemüsebrühe und den Majoran hinzufügen. Die Bohnen aufkochen und zugedeckt bei schwacher Hitze in etwa 1 1/2 Stunden weich garen.

3 Inzwischen die Frühlingszwiebeln putzen, waschen und mit den grünen Blättern in etwa fingerbreite Stücke schneiden. Das Öl in einer Pfanne erhitzen. Die Frühlingszwiebeln darin bei schwacher bis mittlerer Hitze in etwa 15 Minuten weich dünsten; dabei mehrmals wenden.

4 Die Petersilienwurzeln schälen, waschen und in dünne Stifte schneiden. Zusammen mit den tiefgefrorenen dicken Bohnen in die Suppe geben. Die Suppe einmal aufkochen lassen und nach dem Auftauen der Bohnen zugedeckt bei schwacher Hitze etwa 5 Minuten garen, bis das Gemüse gerade eben weich ist.

5 Die vorbereiteten Frühlingszwiebeln und die Sahne in die Bohnensuppe geben. Die Suppe mit Salz und einer kräftigen Prise Pfeffer abschmecken und auf vorgewärmte Teller verteilen. Den Parmesan gleichmäßig darüber streuen.

Buttermilchsuppe mit Kräutern

**Zubereitungs-
zeit: 20 Minuten
Pro Portion:
1159/277 kJ/kcal
9 g Eiweiß
17 g Fett
22 g Kohlen-
hydrate
3 g Ballaststoffe
52 mg Chole-
sterin
328 mg Kalzium**

Zutaten für 3 Personen

2 Frühlingszwiebeln • 100 g gemischte frische Kräuter (Petersilie, Schnittlauch, Dill, Kerbel, Borretsch) • 500 g Buttermilch • 1/8 l Sahne (10 %) • 40 g Mehl • 40 g Butter • Salz 1 Messerspitze gemahlener Koriander • Cayennepfeffer

1 Die Zwiebeln putzen, waschen und mit den grünen Blättern in feine Ringe schneiden. Die Kräuter waschen, trocknen, hacken und auf einem Teller beiseite stellen.
2 Die Buttermilch, die Zwiebeln, die Sahne und das Mehl in einem Topf verrühren. Auf die Kochstelle setzen und unter Rühren aufkochen, bis die Mischung dickflüssig ist.
3 Die Butter in kleine Stücke teilen und mit den Quirlen des Handrührgeräts unter die heiße Suppe rühren. Die Kräuter darunter mischen. Die Suppe mit Salz, Koriander und einer kräftigen Prise Cayennepfeffer abschmecken.

Käsesuppe mit Spargel

**Zubereitungs-
zeit: 30 Minuten
Pro Portion:
990/236 kJ/kcal
18 g Eiweiß
14 g Fett
9 g Kohlen-
hydrate
1 g Ballaststoffe
37 mg Cholesterin
594 mg Kalzium**

Zutaten für 3 Personen

300 g Spargelköpfe • 1/4 l Wasser • Salz • 1 Prise Zucker 3/8 l Milch (1,5 % Fett) • 100 g frisch geriebener Parmesan 50 g Sahne (10 % Fett) • Cayennepfeffer • einige Kerbelblättchen zum Bestreuen

1 Die Spargelköpfe putzen und waschen. Das Wasser mit Salz und dem Zucker aufkochen. Den Spargel dazugeben, erneut aufkochen und zugedeckt bei schwacher 15 Minuten garen.

2 Inzwischen Milch mit Käse und Sahne in einem Topf bei schwacher bis mittlerer Hitze rühren, bis der Käse aufgelöst ist.
3 Den Spargel mit der Kochbrühe langsam in die Käsesahne rühren. Die Suppe mit Cayennepfeffer würzig abschmecken und in vorgewärmte Teller geben. Auf jede Portion einige Kerbelblättchen streuen.

Erbsensuppe mit Estragon

Zutaten für 4 Personen
1 kleine Zwiebel · 1/2 Bund Estragon · 1/2 EL Butter
1/2 l Wasser · 1 gehäufter TL Speisestärke · 600 g Erbsen
(tiefgekühlt) · 1 EL Instantgemüsebrühe · 1/2 l Milch
frisch gemahlener weißer Pfeffer · frisch geriebene Muskatnuss · 1 Bund Schnittlauch · 100 g saure Sahne

Zubereitungszeit: 20 Minuten
Pro Portion:
1207/288 kJ/kcal
16 g Eiweiß
11 g Fett
29 g Kohlenhydrate
9 g Ballaststoffe
36 mg Cholesterin
248 mg Kalzium

1 Die Zwiebel und den Estragon fein hacken. Die Butter in einem Topf erhitzen. Die Zwiebel und den Estragon darin unter Rühren bei schwacher Hitze andünsten.
2 Etwa 6 Esslöffel Wasser mit der Speisestärke verrühren. Das restliche Wasser, die Erbsen und die Instantbrühe in den Topf geben und unter Rühren einmal aufkochen. Die Erbsen nach dem Auftauen etwa 5 Minuten garen.
3 Die Speisestärke darunter mischen und erneut aufkochen. Die Milch in die Suppe rühren und bis knapp unter den Siedepunkt erhitzen.
4 Die Suppe mit Pfeffer und Muskatnuss kräftig abschmecken und auf heiße Teller verteilen.
5 Den Schnittlauch in Röllchen schneiden. Auf jede Suppenportion 1 Esslöffel saure Sahne setzen und mit Schnittlauchröllchen bestreuen.

Grünkohlsuppe

**Zubereitungs-
zeit: 25 Minuten
Pro Portion:
749/178 kJ/kcal
13 g Eiweiß
9 g Fett
10 g Kohlen-
hydrate
6 g Ballaststoffe
65 mg Chole-
sterin
517 mg Kalzium**

Zutaten für 4 Personen

*1 kg Grünkohl · 1 große Zwiebel · 1 Knoblauchzehe · 1 EL Öl
1/4 l Fleischbrühe · 3/8 l Milch (1,5 %) · 1 Eigelb · 30 g frisch
geriebener Parmesan · Salz · frisch geriebene Muskatnuss
Cayennepfeffer*

1 Die Grünkohlblätter vom Strunk streifen, mehrmals waschen, trockenschwenken und grob hacken. Die Zwiebel und den Knoblauch fein hacken.

2 Das Öl in einem Topf erhitzen. Die Zwiebel und den Knoblauch darin bei schwacher Hitze glasig andünsten. Den Grünkohl und die Fleischbrühe hin-zufügen, aufkochen und zugedeckt bei schwacher Hitze 5 Minuten kochen lassen.

3 Die Milch mit dem Eigelb und dem Käse verquirlen. Diese Mischung zum Grünkohl geben und die Suppe mit den Quirlen des Handrührgeräts kräftig durchrühren. Mit Salz, Muskatnuss und Pfeffer abschmecken.

Joghurtsuppe

**Zubereitungs-
zeit: 2 Stunden**

Zutaten für 6 Personen

*75 g Weizenkörner · knapp 1 l Wasser · 1 TL Instantgemüse-
brühe · 1 Bund Lauchzwiebeln · 500 g Joghurt (3,5 % Fett)
1 Ei · 1 EL Mehl · 1 Bund Dill · 1 Bund Petersilie · 1/2 Bund
Schnittlauch · Salz, frisch gemahlener weißer Pfeffer*

1 Weizenkörner mit etwa 1/4 Liter Wasser und Brühe aufkochen und zu-gedeckt bei schwacher Hitze 1 Stunde garen. Von der Kochstelle nehmen und 1 weitere Stunde quellen und dabei abkühlen lassen.

2 Inzwischen die Lauchzwiebeln putzen, waschen und mit allen grünen Blättern fein hacken.

3 Joghurt, Ei und Mehl in einem Topf mischen, nach und nach das restliche Wasser unterrühren und bei mittlerer Hitze unter ständigem Rühren zum Kochen bringen.

4 Lauchzwiebeln und abgetropften Weizen zugeben und bei mittlerer bis schwacher Hitze etwa 3 Minuten garen.

5 Die Kräuter waschen, trockentupfen, fein hacken und in die Suppe rühren. Mit Salz und Pfeffer abschmecken.

Pro Portion:
540/129 kJ/kcal
6 g Eiweiß
5 g Fett
15 g Kohlenhydrate
2 g Ballaststoffe
51 mg Cholesterin
171 mg Kalzium

Kartoffelgulasch mit Lauch

Zutaten für 2 Personen

500 g Kartoffeln (vorwiegend fest kochende Sorte)
300 g dünne Lauchstangen (Porree) • 1 EL Öl • 1/8 l Wasser
1/4 l Milch (1,5 %) • Salz, frisch gemahlener schwarzer Pfeffer
1 TL getrockneter Thymian • 100 g Sahne (10 %) • 50 g frisch
geriebener Emmentaler Käse • 1/2 Bund Petersilie

1 Die Kartoffeln schälen, waschen und würfeln. Den Lauch putzen, waschen und mit den saftigen grünen Blättern in fingerbreite Stücke schneiden.

2 Das Öl in einem Topf erhitzen. Die Kartoffeln und den Lauch darin andünsten. Das Wasser, die Milch, Salz, schwarzen Pfeffer und Thymian hinzufügen, kurz aufkochen und zugedeckt bei schwacher Hitze etwa 15 Minuten garen, bis die Kartoffeln weich sind.

3 Die Sahne und den Käse unter das Kartoffelgulasch mischen. Die Petersilie darüber streuen.

Zubereitungszeit: 35 Minuten
Pro Portion:
1831/437 kJ/kcal
19 g Eiweiß
21 g Fett
41 g Kohlenhydrate
7 g Ballaststoffe
49 mg Cholesterin
586 mg Kalzium

Linsencurry mit indischem Joghurt

Zubereitungszeit: 50 Minuten
Pro Portion:
1754/419 kJ/kcal
21 g Eiweiß
13 g Fett
51 g Kohlenhydrate
11 g Ballaststoffe
18 mg Cholesterin
285 mg Kalzium

Zutaten für 4 Personen
Für das Curry: 250 g Linsen • 1/2 l Wasser • Salz • 1 großer
säuerlicher Apfel (z.B. Delbart) • 2 große Tomaten
1/4 Bund Petersilie • 1 Zwiebel • 2 Knoblauchzehen
2 EL Öl • 3 EL Currypulver • 200 ml Gemüsebrühe
Für den Joghurt: 1 große Möhre • 1 Staudensellerie
200 g frische Ananas • 500 g Joghurt (3,5 %) • frisch geriebene Muskatnuss • 1/4 TL Zimtpulver • Cayennepfeffer

1 Die Linsen mit Wasser und Salz aufkochen und zugedeckt bei schwacher Hitze in etwa 45 Minuten weich garen.

2 Inzwischen für den Joghurt die Möhre schälen und fein raspeln. Den Staudensellerie waschen und fein zerkleinern. Die Ananas in kleine Stücke schneiden. Alles mit dem Joghurt mischen. Mit Muskatnuss, Zimt und Cayennepfeffer abschmecken und zugedeckt kühlen, bis das Curry fertig ist.

3 Den Apfel schälen, die Tomaten abziehen. Beide Zutaten grob würfeln. Die Petersilie waschen, trocknen und fein hacken.

4 Die Zwiebel und den Knoblauch abziehen, hacken und im heißen Öl glasig andünsten. Currypulver darüber stäuben und einige Sekunden unter Rühren mitbraten. Die gegarten Linsen mit dem verbliebenen Kochsud, der Gemüsebrühe und dem Apfel zugeben, einmal aufkochen und zugedeckt bei schwacher Hitze etwa 4 Minuten garen. Die Tomaten untermischen und aufkochen, damit sie heiß werden.

5 Das Curry mit der Petersilie bestreuen und auf heißen Tellern anrichten. Den Joghurt dazu servieren. Dazu passt Reis oder Fladenbrot.

Kalte Joghurtsuppe mit Gemüse

Zutaten für 4 Personen

500 g gemischtes Gemüse wie Kohlrabi, Möhren, Fenchel und Salatgurke • 2 Tomaten • 1 großes Bund Schnittlauch 700 g Joghurt (1,5 %) • 1/4 l Milch (3,5 %) • 50 g saure Sahne Salz, frisch gemahlener weißer Pfeffer • 30 g Mandelstifte 1 Kästchen Gartenkresse • 4 Scheiben Toastbrot • 50 g Butter 1 Knoblauchzehe

Zubereitungszeit: 30 Minuten
Pro Portion:
1593/380 kJ/kcal
14 g Eiweiß
23 g Fett
28 g Kohlenhydrate
5 g Ballaststoffe
55 mg Cholesterin
434 mg Kalzium

1 Das Gemüse putzen bzw. schälen, waschen und fein raspeln. Die Tomaten würfeln, dabei die Stielansätze entfernen. Den Schnittlauch waschen, trockenschütteln und in sehr feine Röllchen schneiden.

2 Den Joghurt mit der Milch und der Sahne in eine Schüssel geben und mit dem Schneebesen kräftig durchschlagen. Die Gemüseraspel, die Tomaten und den Schnittlauch darunter mischen. Die Suppe mit Salz und weißem Pfeffer würzen und auf 4 tiefe Teller verteilen.

3 Die Mandeln und die abgeschnittene Kresse auf den Suppenportionen verteilen.

4 Das Brot toasten. Die Butter erhitzen. Den Knoblauch zerdrücken und bei schwacher Hitze in der heißen Butter ziehen lassen. Das Brot würfeln, in die Knoblauchbutter geben und einige Male darin wenden. Die Brotwürfel auf der Suppe anrichten.

TIPP Wenn Sie das Brot nicht in Butter braten, sondern erst rösten und dann in der Butter nur wenden, brauchen Sie weniger Fett. Und eine fettarme Ernährung ist gut für die Kalziumaufnahme und fördert das körperliche Wohlbefinden.

Sahnige Linsensuppe

Zubereitungs-
zeit: 45 Minuten
Pro Portion:
1209/288 kJ/kcal
15 g Eiweiß
12 g Fett
30 g Kohlen-
hydrate
4 g Ballaststoffe
30 mg Chole-
sterin
338 mg Kalzium

Zutaten für 4 Personen
1 Stange Lauch (Porree) · 1 säuerlicher Apfel · 1 EL Sojaöl
100 g rote Linsen · 3/4 l Milch (1,5 % Fett) · 1/8 l Wasser
1 TL Instantgemüsebrühe · 3 EL Zitronensaft · 200 g Sahne
(10 % Fett) · Salz, Cayennepfeffer · 1/2 TL gemahlener
Koriander · 1 großes Bund Schnittlauch

1 Den Lauch putzen, gründlich waschen und in feine Ringe schneiden. Den Apfel vierteln, schälen, vom Kerngehäuse befreien und das Fruchtfleisch klein würfeln. Das Öl in einem Topf erhitzen. Den Lauch, den Apfel und die Linsen darin bei mittlerer Hitze unter Rühren andünsten.

2 Die Milch, das Wasser, die Brühe und den Zitronensaft dazugeben, aufkochen und die Linsen zugedeckt bei schwacher Hitze in etwa 25 Minuten sehr weich garen.

3 Die Suppe mit den Quirlen des Handrührgeräts kräftig durchrühren, bis sie sämig ist. Die Sahne darunter mischen und erhitzen, aber nicht mehr aufkochen. Mit Salz, Cayennepfeffer und Koriander würzen. Den Schnittlauch in Röllchen schneiden und über die fertige Linsensuppe streuen.

TIPP Rote Linsen sind geschält und werden deshalb viel schneller gar als braune Linsen. Achten Sie bitte auf die Kochzeit: Nach 10 bis 15 Minuten sind sie schon weich, aber noch körnig. Danach verkochen sie zu Mus, eignen sich also gut für Cremesuppe und Pürees. Übrigens enthalten diese Hülsenfrüchte eine Menge Ballaststoffe, die viel für die Gesundheit tun können und vor allem die Verdauung auf Trab halten.

Tomatensuppe mit Kräutern

Zutaten für 4 Personen

750 g sehr reife Tomaten • 1 Zwiebel • 1 Knoblauchzehe 1 großes Bund Petersilie • 1 Bund Suppengrün • 1 kleine Petersilienwurzel • 2 Zweige frischer Thymian • 1 EL Olivenöl • 1 TL Instantgemüsebrühe • Salz, frisch gemahlener schwarzer Pfeffer • 1 Prise Zucker • 1 Bund Basilikum 3/4 l Milch • 250 g Sahne

**Zubereitungszeit: 40 Minuten
Pro Portion:
1625/387 kJ/kcal
11 g Eiweiß
29 g Fett
20 g Kohlenhydrate
4 g Ballaststoffe
81 mg Cholesterin
373 mg Kalzium**

1 Die Tomaten abziehen, von den Stielansätzen befreien und würfeln. Die Zwiebel, den Knoblauch und die Petersilie hacken. Das Suppengrün putzen, die Petersilienwurzel schälen. Beides hacken. Die Thymianblättchen von den Stielen streifen.

2 Das Öl in einem Topf erhitzen. Die Tomaten, alle anderen zerkleinerten Zutaten, die Thymianblättchen und die Brühe hinzufügen und bei mittlerer Hitze unter häufigem Rühren etwa 2 Minuten dünsten. Zugedeckt bei schwacher bis mittlerer Hitze 15 Minuten garen.

3 Die Suppe pürieren, mit Salz, Pfeffer und dem Zucker würzen. Das Basilikum fein hacken. Die Milch mit der Sahne vermischen.

4 Den Topf von der Kochstelle nehmen. Etwas heiße Tomatensuppe mit der Milch verrühren. Die Mischung unter ständigem Rühren in die Suppe geben. Die Suppe bis knapp unter den Siedepunkt erhitzen.

5 Die Tomatensuppe auf heiße Teller verteilen. Basilikum dazugeben.

TIPP Milch und Sahne für die Suppe müssen ganz frisch sein, dann gerinnen sie in der säurereichen Tomatensuppe nicht so leicht.

Petersiliensuppe

**Zubereitungs-
zeit: 30 Minuten
Pro Portion:
699/167 kJ/kcal
7 g Eiweiß
10 g Fett
13 g Kohlen-
hydrate
2 g Ballaststoffe
16 mg Chole-
sterin
236 mg Kalzium**

Zutaten für 4 Personen
100 g glatte Petersilie · 1 Knoblauchzehe · 1 TL Erdnussöl
30 g Mehl · 1/2 l Hühnerbrühe · 1/4 l Milch (1,5 % Fett)
100 g Sahne (10 % Fett) · 1 TL Butter · 30 g Sesamsamen
Salz, weißer Pfeffer · frisch geriebene Muskatnuss

1 Die Petersilienblätt-chen abschneiden. Die Stiele fein zerkleinern. Den Knoblauch hacken.
2 Das Öl in einem Topf erhitzen. Die Petersilien-stiele, den Knoblauch und das Mehl darin unter Rühren bei schwacher Hitze einige Sekunden rösten.

3 Die Hühnerbrühe un-ter Rühren nach und nach hinzugießen. Die Suppe unter weiterem Rühren aufkochen, bis sie ganz glatt ist, und zugedeckt bei schwacher Hitze 20 Minuten garen.
4 Petersilienblättchen fein hacken. Mit Milch, Sahne und Butter in die

*Die Petersilien-
suppe ist leicht,
geschmacks-
intensiv, schnell
zubereitet und
gesund – was
will man mehr?*

Suppe geben. Die Suppe erneut bis knapp unter den Siedepunkt erhitzen und dabei mit dem Handrührgerät kräftig durchschlagen, bis sich die Butter aufgelöst hat. Sesam darunter mischen. Suppe mit Salz, Pfeffer und Muskatnuss abschmecken.

Nudeln mit Wirsing und Käse

Zutaten für 3 Personen
300 g Wirsing • 1 Zwiebel • 1 TL Öl • 1/4 l Milch (1,5 %)
150 g geriebener mittelalter Goudakäse (45 %) • 100 g Sahne (10 %) • Salz, Cayennepfeffer • 300 g breite Nudeln
1 Tomate • 1 Bund Schnittlauch • 2 EL Zitronensaft

**Zubereitungs-
zeit: 45 Minuten
Pro Portion:
2797/668 kJ/kcal
32 g Eiweiß
23 g Fett
82 g Kohlen-
hydrate
8 g Ballaststoffe
74 mg Chole-
sterin
619 mg Kalzium**

1 Die welken äußeren Blätter des Wirsings entfernen. Den Wirsing waschen und trockenschwenken. Den Strunk herausschneiden und in dünne Stifte, die Blätter in feine Streifen schneiden. Die Zwiebel hacken.
2 Öl erhitzen. Die Zwiebel darin bei schwacher Hitze glasig andünsten. Wirsing und Milch hinzufügen, aufkochen und zugedeckt bei schwacher Hitze 3 Minuten garen.
3 Den Käse und die Sahne unter den Wirsing mischen und bei schwacher bis mittlerer Hitze rühren, bis sich der Käse aufgelöst hat. Das Gemüse mit Salz und Cayennepfeffer würzen und zugedeckt warm halten.
4 Die Nudeln in reichlich Salzwasser bissfest kochen. Inzwischen die Tomate würfeln, den Stielansatz entfernen. Den Schnittlauch waschen und hacken.
5 Die Nudeln abgießen. Mit dem Wirsing, der Tomate, dem Schnittlauch und dem Zitronensaft vermischen und auf warmen Tellern anrichten.

Gemüsetopf mit Käsesauce

Zubereitungs-zeit: 50 Minuten
Pro Portion:
1512/361 kJ/kcal
12 g Eiweiß
25 g Fett
23 g Kohlen-hydrate
8 g Ballaststoffe
74 mg Chole-sterin
344 mg Kalzium

Zutaten für 4 Personen
Für das Gemüse: 500 g Brokkoli • 400 g Kartoffeln
500 g Möhren • 1/4 l Gemüsebrühe • Salz
Für die Käsesauce: 1 EL Butter • 1 EL Weizenmehl • 80 g geriebener Käse (Gouda oder Bergkäse) • 200 g Sahne
Salz, frisch gemahlener schwarzer Pfeffer • frisch geriebene Muskatnuss • 1 EL gehackte Petersilie

1 Den Brokkoli putzen, waschen und in Röschen teilen. Dicke Stiele schälen und in Scheiben schneiden. Kartoffeln und Möhren schälen und waschen. Die Kartoffeln vierteln, die Möhren in fingerdicke Stücke schneiden.

2 Das Gemüse mit der Brühe und etwas Salz in einem flachen Topf aufkochen und zugedeckt bei mittlerer bis schwacher Hitze in 15 bis 20 Minuten bissfest andünsten. Mit einem Schaumlöffel aus der Brühe nehmen, abtropfen lassen und in eine gut vorgewärmte Schüssel geben und zugedeckt warm halten.

3 Die Butter in einem Topf zerlassen, Mehl darüber streuen und hell anschwitzen. Nach und nach die Brühe zugießen und unter ständigem Rühren 5 Minuten bei schwacher Hitze kochen.

4 Käse mit der Sahne zugeben, bei schwacher Hitze unter Rühren schmelzen und die Sauce dabei erhitzen, aber nicht mehr kochen. Mit Salz, Pfeffer und Muskat abschmecken.

5 Das Gemüse mit der Sauce übergießen, mit der Petersilie bestreuen und sofort servieren.

TIPP Bei Gerichten mit viel Gemüse sollten Sie oxalsäurehaltige Sorten wie Mangold oder Rote Bete meiden.

Risotto mit Tomaten und Käse

Zutaten für 4 Personen

1 Zwiebel · 1 Knoblauchzehe · 2 EL Olivenöl · 400 g Arborio-Reis · 1 l Gemüsebrühe · Salz, frisch gemahlener weißer Pfeffer · 300 g Tomaten · 200 g Sahne (10%) · 150 g frisch geriebener Parmesan · 2 EL frisch gehackte Petersilie 1 EL Butter

1 Die Zwiebel und den Knoblauch fein hacken. Das Öl in einem Topf erhitzen. Die Zwiebel, den Knoblauch und den Reis darin bei mittlerer Hitze unter Rühren etwa 3 Minuten dünsten.

2 Die Hälfte der Gemüsebrühe dazugießen, Salz und Pfeffer dazugeben. Den Reis einmal aufkochen und zugedeckt bei schwacher Hitze 25 Minuten garen.

3 Während der Garzeit die restliche Gemüsebrühe nach und nach hinzufügen, sobald der Reis die Flüssigkeit aufgeso-

gen hat. Den Reis häufig mit einer Gabel durchrühren.

4 Die Tomaten abziehen und würfeln, dabei die Stielansätze entfernen. Die Tomaten und die Sahne zum Reis geben und den Risotto bei starker Hitze unter Rühren schmoren, bis die Tomaten heiß, aber nicht zerfallen sind.

5 Den Käse, die Petersilie und die Butter mit einer Gabel unter den Risotto ziehen. Den Risotto mit Salz und Pfeffer abschmecken und auf heißen Tellern anrichten.

Zubereitungszeit: 1 Stunde und 10 Minuten
Pro Portion:
2927/698 kJ/kcal
23 g Eiweiß
30 g Fett
84 g Kohlenhydrate
4 g Ballaststoffe
51 mg Cholesterin
565 mg Kalzium

TIPP Mit diesem Rezept können Sie besonders Kindern eine Freude machen. Denn in Form eines Risottos verschmähen selbst wählerische Esser eine gesunde und kalziumreiche Mahlzeit nicht.

Ein schneller Imbiss

Statt den Magen mit wenigen schweren Mahlzeiten zu belasten, sollten Sie über den Tag verteilt mehrere kleine Portionen zu sich nehmen. Hier bieten sich leichte und schmackhafte Zwischenmahlzeiten an, die durchaus auch einmal das Abendessen ersetzen können.

Salat mit Käsesauce

Zutaten für 2 Personen
1 Kopf grüner Salat (etwa 400 g) • 50 g Roquefort • 1/8 l Milch (1,5 %) • 2 EL Weißweinessig • frisch gemahlener weißer Pfeffer • 1 EL Öl • 75 g Haselnusskerne • 1 Orange (etwa 250 g) 1 Kästchen Gartenkresse

Zubereitungszeit: 20 Minuten
Pro Portion:
2006/479 kJ/kcal
12 g Eiweiß
39 g Fett
17 g Kohlenhydrate
8 g Ballaststoffe
22 mg Cholesterin
449 mg Kalzium

1 Den Salat zerpflücken, waschen, trockenschwenken und die Blätter in mundgerechte Stücke zerteilen.

2 Für die Sauce den Roquefort in eine Schüssel geben und mit einer Gabel zerdrücken. Nach und nach die Milch darunter mischen, so dass eine dickflüssige Sauce entsteht. Die Sauce mit dem Weißweinessig, dem Pfeffer und dem Öl verrühren.

3 Die Nüsse grob hacken. Die Orange schälen und in Stücke schneiden. Den Saft, der dabei austritt, unter die Salatsauce mischen.

4 Den grünen Salat auf Portionstellern verteilen und mit der Salatsauce beträufeln. Die Nüsse darüber streuen. Den Salat mit den Orangenstücken belegen und mit der abgeschnittenen Kresse garnieren. Dazu passt Baguette.

Roquefort, Orangen und Nüsse machen den grünen Salat zum kulinarischen Hit.

Frischkäse mit Parmesan und Nüssen

**Zubereitungs-
zeit: 15 Minuten
Pro Portion:
1739/415 kJ/kcal
14 g Eiweiß
38 g Fett
5 g Kohlen-
hydrate
2 g Ballaststoffe
82 mg Chole-
sterin
282 mg Kalzium**

Zutaten für 4 Personen

*250 g Rahmfrischkäse · 50 g frisch geriebener Parmesan
50 g saure Sahne · 2 EL Milch (1,5 %) · 1 Hand voll gemischte
Kräuter (Petersilie, Zitronenmelisse, Dill, Schnittlauch und
Borretsch) · 75 g Haselnusskerne · 1 EL Zitronensaft · Salz,
Cayennepfeffer*

1 Den Frischkäse mit dem Parmesan, der sauren Sahne und der Milch verrühren.
2 Die Kräuter und die Haselnusskerne sehr fein hacken und unter die Creme mischen. Die Käsecreme mit dem Zitronensaft, Salz und Cayennepfeffer würzen. Dazu passen Sesambrötchen, Weizenschrotbrot oder Pumpernickel.

TIPP Ein schnell gerührter Brotaufstrich, der auch als Dip für Gemüse schmeckt. Wenn Sie ihn lieber flüssiger mögen, einfach 2 bis 3 Esslöffel Milch zusätzlich unterrühren.

Quarkcreme mit Nüssen

**Zubereitungs-
zeit: 15 Minuten
Pro Portion:
861/205 kJ/kcal
15 g Eiweiß
13 g Fett
8 g Kohlen-
hydrate
2 g Ballaststoffe**

Zutaten für 3 Personen

*250 g Magerquark · 50 g saure Sahne · 1 EL Crème fraîche
1 Tomate · 1/2 kleine Zwiebel · 50 g Haselnusskerne · Salz,
frisch gemahlener weißer Pfeffer · 1 Prise Zucker*

1 Den Magerquark mit der sauren Sahne und der Crème fraîche glatt rühren.
2 Die Tomate waschen und klein würfeln, dabei den Stielansatz herausschneiden. Die Zwiebel

und die Nüsse fein hacken. Alle diese Zutaten mit dem Quark vermischen. Die Quark-creme mit Salz, weißem Pfeffer und Zucker abschmecken. Dazu passt herzhaftes Bauernbrot.

8 mg Cholesterin
178 mg Kalzium

Gebackener Camembert mit Radieschensalat

Zutaten für 2 Personen
1 Bund Radieschen • 100 g Petersilie • 1 Zitrone • 1/2 TL scharfer Senf • Salz, frisch gemahlener schwarzer Pfeffer
2 EL Sonnenblumenöl • 1 Camembert (300 g)
1 Bund Schnittlauch

Zubereitungszeit: 45 Minuten
Pro Portion:
2553/611 kJ/kcal
36 g Eiweiß
47 g Fett
12 g Kohlenhydrate
4 g Ballaststoffe
105 mg Cholesterin
922 mg Kalzium

1 Den Backofen auf 220 °C (Umluft 200 °C, Gas Stufe 4–5) vorheizen.
2 Die Radieschen waschen und in dünne Scheiben schneiden. Die Petersilienblättchen abzupfen, waschen, trockentupfen und grob hacken. Die Zitrone auspressen.
3 Für die Salatsauce die Hälfte des Zitronensafts mit Senf, Salz, Pfeffer und Öl verrühren. Die Radieschen und die Petersilie mit der Sauce mischen und zugedeckt ziehen lassen, bis der Camembert fertig ist.

4 Den Camembert in eine kleine ofenfeste Form legen und in den Backofen (Mitte) schieben. Den Käse etwa 20 Minuten backen, bis er anfängt zu laufen.
5 Den Schnittlauch hacken und mit dem Salat mischen. Den Käse halbieren und auf Portionsteller legen. Mit dem restlichen Zitronensaft beträufeln und mit reichlich Pfeffer aus der Mühle bestreuen. Den Salat daneben anrichten. Dazu passt Baguette oder Toastbrot.

Gurkensalat mit Quarkbroten

**Zubereitungs-
zeit: 45 Minuten
Pro Portion:
1772/423 kJ/kcal
26 g Eiweiß
20 g Fett
33 g Kohlen-
hydrate
9 g Ballaststoffe
42 mg Chole-
sterin
382 mg Kalzium**

Zutaten für 2 Personen

1 Salatgurke (etwa 500 g) • 1 Hand voll Borretschblätter (ersatzweise 1/2 Bund Dill) • Salz, frisch gemahlener weißer Pfeffer • 125 g saure Sahne • 1 TL Essig • 1 Bund Schnittlauch 250 g Magerquark • 1 EL Sesamsamen (etwa 25 g) • 1 Prise Zucker • 1 TL Rosenpaprika (scharf) • 2 Scheiben Weizenvollkornbrot (je etwa 50 g)

1 Für den Salat die Gurke schälen und raspeln. Den Borretsch waschen, trockentupfen und fein zerkleinern. Beide Zutaten mit Salz, Pfeffer, etwa 3/4 der sauren Sahne und dem Essig vermischen.

2 Den Schnittlauch waschen, trockentupfen und in feine Röllchen schneiden. Mit dem Quark, dem Sesam, der restlichen Sahne, Salz, dem Zucker und dem Paprikapulver verrühren.

3 Die beiden Vollkornbrotscheiben dick mit dem Quark bestreichen und zum Gurkensalat servieren.

**Zubereitungszeit:
5 Minuten
Pro Portion:
1669/398 kJ/kcal
14 g Eiweiß
36 g Fett
6 g Kohlen-
hydrate
1 g Ballaststoffe
112 mg Chole-
sterin
123 mg Kalzium**

Käsecreme mit Sardellenpaste

Zutaten für 2 Personen

200 g Rahmfrischkäse • 1 EL saure Sahne • 1/2 kleine Zwiebel • 2 TL Sardellenpaste • 3 TL Rosenpaprika (scharf)

1 Den Rahmfrischkäse mit der Sahne glatt rühren.

2 Die Zwiebel fein hacken und mit der Sardellenpaste und dem Paprikapulver unter den Käse mischen. Dazu passt frisches Weißbrot oder Pumpernickel.

Herzhafte Käsecreme

Zutaten für 4 Personen

250 g Gorgonzola · 50 g saure Sahne · 1 EL Sahne · 30 g weiche Butter · 1 Zwiebel · 1 Knoblauchzehe · 1 kleiner Apfel Salz, frisch gemahlener schwarzer Pfeffer · 2 EL Zitronensaft 1 Bund Schnittlauch

Zubereitungszeit: 45 Minuten
Pro Portion:
1441/344 kJ/kcal
15 g Eiweiß
29 g Fett
7 g Kohlenhydrate
1 g Ballaststoffe
86 mg Cholesterin
373 mg Kalzium

1 Den Gorgonzola, die saure Sahne, die süße Sahne und die Butter in eine Schüssel geben. Mit den Quirlen des Handrührgeräts glatt rühren.
2 Die Zwiebel und den Knoblauch hacken. Den Apfel vierteln, schälen, vom Kerngehäuse befreien und raspeln. Diese Zutaten, Salz, Pfeffer und den Zitronensaft unter die Käsecreme mischen.
3 Die Käsecreme auf einen Teller geben. Den Schnittlauch in Röllchen schneiden und darüber streuen. Dazu passt Baguette oder Vollkornbrot.

Apfelrohkost mit Joghurt

Zutaten für 2 Personen

2 säuerliche Äpfel (zusammen etwa 250 g) · 100 g Möhren 300 g Joghurt (3,5 %) · 1 EL Sahne (30 %) · 50 g Sesamsamen · frisch gemahlener weißer Pfeffer

Zubereitungszeit: 15 Minuten
Pro Portion:
1382/331 kJ/kcal
10 g Eiweiß
21 g Fett
24 g Kohlenhydrate
7 g Ballaststoffe
28 mg Cholesterin
410 mg Kalzium

1 Die Äpfel vierteln, schälen und vom Kerngehäuse befreien. Die Möhren schälen oder unter fließendem Wasser abbürsten. Beide Zutaten in eine Schüssel raspeln.
2 Den Joghurt, die Sahne und den Sesam hinzufügen und alles gründlich vermischen. Die Rohkost mit reichlich Pfeffer würzen. Dazu passt Butterbrot.

Käsekartoffeln aus dem Ofen

Zubereitungs-
zeit: 45 Minuten
Pro Portion:
2129/508 kJ/kcal
26 g Eiweiß
23 g Fett
47 g Kohlen-
hydrate
7 g Ballaststoffe
68 mg Chole-
sterin
754 mg Kalzium

Zutaten für 3 Personen
6 große Kartoffeln (etwa 1,2 kg) · Salz, frisch gemahlener
weißer Pfeffer · 1 Zweig frischer Rosmarin · 200 g frisch
geriebener Emmentaler Käse (45 %) · 1 EL Butter

1 Die Kartoffeln waschen und in wenig Wasser etwa 30 Minuten kochen.
2 Den Backofen auf 220 °C (Umluft 200 °C, Gas Stufe 4–5) vorheizen. Kartoffeln abgießen und der Länge nach halbieren, mit den Schnittflächen nach oben nebeneinander auf ein Backblech legen, salzen und pfeffern.

3 Die Rosmarinblätter abstreifen und hacken. Mit dem Käse vermischen und über die Kartoffeln streuen. Die Butter in Flöckchen darauf legen.
4 Das Blech in den Backofen (Mitte) schieben. Die Kartoffeln etwa 10 Minuten backen, bis der Käse zerlaufen und leicht gebräunt ist.

Gebackene Käsebrote mit Gurkensalat

Zubereitungs-
zeit: 30 Minuten
Pro Portion:
3661/875 kJ/kcal
42 g Eiweiß
55 g Fett
53 g Kohlen-
hydrate
6 g Ballaststoffe
160 mg Chole-
sterin
1315 mg Kalzium

Zutaten für 2 Personen
1 Knoblauchzehe · 200 g frisch geriebener Emmentaler
Käse (45 %) · 50 g Butter · Cayennepfeffer · 4 Scheiben
französisches Landbrot (je etwa 50 g) · 1 Salatgurke (etwa
400 g) · 1 großes Bund Dill · 150 g Magerjoghurt
50 g Sahne (10 %) · Salz · 1 TL Essig

1 Den Backofen auf 250 °C (Umluft 200 °C, Gas Stufe 6) vorheizen. Knoblauch hacken. Mit

Käse, Butter und Cayennepfeffer vermischen.
2 Die Brote damit bestreichen, auf ein Back-

blech legen. Das Blech in den Ofen (Mitte) schieben. Die Brote 15 Minuten backen, bis sie leicht gebräunt sind.

3 Gurke schälen und fein hobeln. Dill fein hacken. Beides mit Joghurt, Sahne, Salz, Cayennepfeffer und Essig vermischen.

Käsesalat mit Obst

Zutaten für 4 Personen

300 g Emmentaler Käse (45 %) • 200 g weiße und blaue Weintrauben • 200 g Zwetschgen • 1 saftige Birne 1 EL Zitronensaft • 50 g Mandelstifte • 100 g saure Sahne frisch gemahlener weißer Pfeffer • 2 EL frisch gehackte Petersilie

**Zubereitungszeit: 35 Minuten
Pro Portion:
2030/485 kJ/kcal
25 g Eiweiß
35 g Fett
18 g Kohlenhydrate
4 g Ballaststoffe
84 mg Cholesterin
906 mg Kalzium**

1 Den Käse in kleine Würfel schneiden. Die Weintrauben waschen, abzupfen, nach Wunsch halbieren und die Kerne entfernen. Die Zwetschgen waschen, halbieren und in Stücke schneiden, dabei entsteinen. Die Birne vierteln, schälen, vom Kerngehäuse befreien, würfeln und mit dem Zitronensaft vermischen.

2 Den Käse mit dem Obst und den Mandelstiften in eine Schüssel geben. Die saure Sahne darüber gießen und alles vorsichtig mischen. Den Salat mit Pfeffer aus der Mühle würzen und mit der Petersilie bestreuen.

TIPP Der Käsesalat enthält eine ganze Menge Kalzium, aber auch einiges an Fett. Deshalb lieber mit mageren Beilagen kombinieren, z. B. mit Vollkornbrot, Knäckebrot oder Pumpernickel – ohne Butter! Wenn Sie den Salat als Hauptgericht essen wollen, eignen sich Pellkartoffeln als Beilage.

Frischkäsesoufflé

**Zubereitungs-
zeit: 1 Stunde
und 20 Minuten
Pro Portion:
2896/691 kJ/kcal
38 g Eiweiß
50 g Fett
23 g Kohlen-
hydrate
2 g Ballaststoffe
432 mg Chole-
sterin
885 mg Kalzium**

Zutaten für 3 Personen
*1 kleine Zwiebel · 1 EL Öl · 50 g Mehl · 1/4 l Milch (1,5 %)
100 g Petersilie · 4 Eier · 200 körniger Frischkäse · Salz,
Cayennepfeffer · 1/2 TL getrockneter Majoran · 100 g Sahne
(30 %) · 150 g frisch geriebener Emmentaler Käse
1 EL Butter für die Form*

1 Die Zwiebel abziehen und sehr fein hacken. Das Öl in einem kleinen Topf erhitzen. Die Zwiebel und das Mehl darin bei schwacher Hitze unter Rühren etwa 2 Minuten anschwitzen. Die Milch unter weiterem Rühren langsam dazugießen, kurz aufkochen und zugedeckt bei schwächster Hitze etwa 10 Minuten ziehen lassen. Danach die Sauce abkühlen lassen.

2 Inzwischen die Petersilie waschen, trockentupfen und ganz fein hacken. Die Eier trennen. Zuerst nacheinander die Eigelbe, dann esslöffelweise den Frischkäse und zum Schluss die Petersilie unter die Sauce rühren. Mit Salz, einer kräftigen Prise Cayennepfeffer und dem Majoran würzen.

3 Das Eiweiß und die Sahne getrennt steif schlagen und auf die Sauce geben. Etwa 2/3 des geriebenen Emmentalers darüber streuen. Alles vorsichtig unterheben.

4 Eine ofenfeste Form mit hohem Rand mit Butter fetten und mit dem restlichen Käse ausstreuen. Das Soufflé darin glatt streichen.

5 Die Form auf den Rost in den kalten Backofen (unten) stellen. Den Ofen auf 180 °C (Umluft 160 °C, Gas Stufe 2–3) schalten. Das Soufflé etwa 50 Minuten backen, bis es an der Oberfläche leicht gebräunt ist.

Sauermilchplätzchen

Zutaten für 12 Stück
*500 g Vollkornweizenmehl · 2 TL Backpulver · 1/2 TL Salz
80 g weiche Pflanzenmargarine · 1/8 l Milch (1,5 %)
125 g saure Sahne · 4 EL Kaffeesahne (7,5 %) · 1–2 TL ge-
schroteter Kümmel · Mehl für die Arbeitsfläche · Fett
für das Backblech*

**Zubereitungs-
zeit: 1 Stunde
Pro Stück:
933/223 kJ/kcal
6 g Eiweiß
10 g Fett
27 g Kohlen-
hydrate
4 g Ballaststoffe
20 mg Chole-
sterin
52 mg Kalzium**

1 Das Mehl mit Backpulver und Salz in einer Schüssel mischen. Die Margarine zugeben und alles mit den Knethaken des Handrührers zu einer krümeligen Masse vermengen. Danach Milch und saure Sahne langsam hinzufügen und alles zu einem glatten Teig verkneten.

2 Den Teig auf einer bemehlten Arbeitsfläche etwa 1/2 Zentimeter dick ausrollen. Mit einer passenden Form runde Plätzchen ausstechen und die-se nebeneinander auf ein gefettetes Backblech legen. Teigreste zusammenkneten, erneut ausrollen und ausstechen.

3 Die Plätzchen mit der Kaffeesahne bestreichen, mit dem Kümmel bestreuen und in den kalten Backofen (mittlere Schiene) schieben. Bei 220 °C (Umluft 200 °C, Gas Stufe 4–5) in etwa 12 bis 15 Minuten goldbraun backen. Auf dem Blech etwas auskühlen lassen, ablösen und warm servieren.

TIPP Mit Vollkornmehl anstelle von weißem Mehl zubereitetes Gebäck enthält viel mehr Vitamine, Mineralstoffe und Spurenelemente. Eine besonders knusprige Oberfläche bekommen die Sauermilchplätzchen übrigens, wenn man sie mit Eiweiß und Wasser statt mit Kaffeesahne bestreicht.

Herzhafter Quarkkuchen

**Zubereitungs-
zeit: 2 Stunden
Pro Stück:
1006/240 kJ/kcal
17 g Eiweiß
9 g Fett
23 g Kohlen-
hydrate
1 g Ballaststoffe
93 mg Chole-
sterin
237 mg Kalzium**

Zutaten für 12 Stücke
Für den Teig: 250 g Mehl • Salz • 100 g Magerjoghurt • 1 Ei
1 EL Öl • eventuell kaltes Wasser
Für den Belag: 100 g Schnittlauch • 4 Zweige frischer Thy-
mian • 1 Zweig frischer Rosmarin • 2 Knoblauchzehen
750 g Magerquark • 1/4 l Milch (1,5 %) • 100 g frisch gerie-
bener Parmesan • 3 Eier • Salz, Cayennepfeffer
50 g Speisestärke • 30 g Butter

1 Das Mehl mit Salz, dem Joghurt, dem Ei und dem Öl verkneten, bis die Zutaten sich verbunden haben und der Teig nicht mehr bröckelt. Sollte der Teig noch zu trocken sein, tropfenweise Wasser darunter kneten.

2 Den Teig in eine Springform von 26 Zentimeter Durchmesser legen und mit Handballen und Fingerspitzen auseinander drücken, bis er den Boden der Form ganz bedeckt. Mit dem Daumen einen etwa 4 Zentimeter hohen Rand hochdrücken. Den Teigboden einige Mal mit einer Gabel einstechen und kühlen, bis der Belag fertig ist.

3 Für den Belag den Schnittlauch in feine Röllchen schneiden. Die Thymian- und die Rosmarinblättchen abstreifen und hacken. Den Knoblauch zerdrücken.

4 Den abgetropften Magerquark mit den Kräutern, dem Knoblauch, der Milch und dem Parmesan verrühren. Die Eier trennen. Die Eigelbe, Salz und eine kräftige Prise Cayennepfeffer unter die Käsecreme mischen. Das Eiweiß steif schlagen und darauf geben. Die Speisestärke darüber sieben. Alles mit einem Kochlöffel vermischen.

5 Die Käsecreme auf dem Kuchenboden glatt

streichen. Die Form auf den Rost in den kalten Backofen (unten) stellen. Den Ofen auf 160 °C (Umluft 140 °C, Gas Stufe 1–2) schalten. Den Kuchen etwa 1 Stunde und 15 Minuten backen, bis die Oberfläche goldgelb ist und die Käsecreme gestockt ist.

6 Für die Garprobe ein Holzstäbchen in die Mitte des Kuchen stechen und wieder herauszuziehen. Wenn an dem Stäbchen keine feuchte Quarkfüllung mehr haftet, ist der Kuchen gar.

7 Den fertigen Kuchen 10 Minuten in der Form stehen lassen, herauslösen, auf eine Platte geben und lauwarm servieren. Dazu passt Tomatensalat oder Kopfsalat.

Pikanter Quarkkuchen lässt sich auch gut als Bestandteil eines Buffets oder als Beilage zu einem Fleischgericht servieren.

TIPP Sicher haben Sie schon oft gelesen, dass man den Teig kühlen soll, bevor man die Form damit auskleidet. Gekühlter Teig ist aber reichlich hart und manchmal so spröde, dass er bricht. Deshalb können Sie es einfach umgekehrt machen: Nach dem Kneten ist der Teig noch so weich, dass Sie ihn ganz leicht in die Form drücken können. Erst danach wird er gekühlt.

Servieren Sie den altbekannten Käsekuchen einmal mit Kräutern und Parmesan – er kommt ebenso gut an wie sein Verwandter aus Vanille, Quark und Zucker.

Gemüsequark

**Zubereitungs-
zeit: 20 Minuten
Pro Portion:
946/226 kJ/kcal
13 g Eiweiß
16 g Fett
8 g Kohlen-
hydrate
3 g Ballaststoffe
41 mg Chole-
sterin
219 mg Kalzium**

Zutaten für 4 Personen
*400 g gemischtes Gemüse (Fenchel, Möhren und Radies-
chen) · 1 Päckchen tiefgekühlte Salatkräuter · 250 g Sahne-
quark · 200 g körniger Frischkäse · 3 EL Milch · 1 EL Lein-
samen- oder Olivenöl · Salz, frisch gemahlener weißer
Pfeffer · 1 Prise Zucker*

1 Das Gemüse putzen,
waschen und sehr fein
zerkleinern.
2 Mit den Kräutern, dem
Quark, dem Frischkäse,
der Milch und dem Öl
verrühren, mit Salz, Pfeffer und Zucker würzen.
Dazu passt Vollkornbrot,
Brat- oder Pellkartoffeln.

Tipp Nehmen Sie zur Abwechslung auch vollreife Tomaten, zarte junge Zucchini oder Paprikaschoten.

Buttermilchkuchen mit Kräutercreme

**Zubereitungs-
zeit: 40 Minuten
Pro Stück:
1051/251 kJ/kcal
7 g Eiweiß
19 g Fett
15 g Kohlen-
hydrate
2 g Ballaststoffe
10 mg Chole-
sterin
143 mg Kalzium**

Zutaten für 12 Stücke
*3 Bund Basilikum oder Petersilie · 3 Knoblauchzehen
50 g Pinienkerne · 100 g Parmesan · 1/8 l Olivenöl · Salz,
frisch gemahlener schwarzer Pfeffer · 250 g Vollkornmehl
(Dinkel, Weizen, Hafer, Gerste gemischt) · 1 TL Weinstein-
Backpulver · 40 g weiche Pflanzenmargarine
125 g Buttermilch*

1 Das Basilikum waschen
und trockentupfen. Den
Knoblauch abziehen. Bei-
de Zutaten mit den Pi-
nienkernen und dem zer-
bröckelten Parmesan
pürieren. Das Olivenöl
untermischen. Die Creme
mit Salz und Pfeffer
würzen.

2 Das Mehl mit Backpulver und Salz mischen. Die Margarine in kleinen Stücken hinzufügen und alles mit den Knethaken des Handrührers zu einer krümeligen Masse vermischen. Die Buttermilch langsam hinzufügen und zu einem glatten Teig verrühren.

3 Den Teig auf ein gefettetes Backblech streichen. Die Kräutercreme auf den Teig streichen. Den Kuchen in den kalten Backofen (Mitte) schieben und bei 220 °C (Umluft 200 °C, Gas Stufe 4–5) etwa 15 Minuten backen, bis er am Rand goldbraun ist.

Pellkartoffeln mit Käsecreme

Zutaten für 3 Personen
900 g kleine Kartoffeln • 250 g reifer Camembert (45 %)
50 g saure Sahne • 1 EL Crème fraîche • 20 g weiche Butter
1 Zwiebel • 1 Essiggurke • 1 EL Kapern • Salz, frisch gemahlener schwarzer Pfeffer • 1 TL Kümmelkörner • 1 TL Paprikapulver (edelsüß) • 1 Bund Schnittlauch

Zubereitungszeit: 45 Minuten
Pro Portion:
2264/541 kJ/kcal
24 g Eiweiß
31 g Fett
40 g Kohlenhydrate
7 g Ballaststoffe
92 mg Cholesterin
507 mg Kalzium

1 Die Kartoffeln waschen und in wenig Wasser etwa 20 bis 30 Minuten weich kochen.
2 Inzwischen den Camembert entrinden und mit einer Gabel zerdrücken. In einer Schüssel mit der sauren Sahne, der Crème fraîche und der Butter vermischen, bis die Creme glatt ist.

3 Zwiebel und Essiggurke würfeln. Mit Kapern, Salz, Pfeffer, Kümmel und Paprikapulver unter die Käsecreme mischen.
4 Die Kartoffeln abgießen, etwas abkühlen lassen und anrichten. Die Käsecreme auf Teller verteilen. Den Schnittlauch in Röllchen schneiden und darüber streuen.

Gefüllte Käsebrötchen

**Zubereitungs-
zeit: 2 Stunden
Pro Stück:
810/194 kJ/kcal
7 g Eiweiß
7 g Fett
25 g Kohlen-
hydrate
2 g Ballaststoffe
12 mg Chole-
sterin
108 mg Kalzium**

Zutaten für 16 Stück
Für den Teig: 500 g Mehl · 1 Päckchen Trockenhefe
1/2 EL Salz · 250 g Dickmilch · 3 EL Olivenöl
Für die Füllung: · 2 Bund Rucola · 2 Flaschentomaten
2 Knoblauchzehen · 1 kleine Zucchini · 250 g Fetakäse
Salz, frisch gemahlener schwarzer Pfeffer · Mehl für die
Arbeitsfläche · Fett für die Backbleche

1 Mehl mit Hefe und Salz mischen. Die Dickmilch und das Öl lauwarm erhitzen und hinzufügen. Mit den Knethaken des Handrührgeräts etwa 5 Minuten durchrühren, bis der Teig Blasen bildet und sich vom Schüsselrand löst. Falls der Teig zu fest ist, esslöffelweise lauwarmes Wasser hinzufügen. Den Teig zugedeckt bei Zimmertemperatur etwa 50 Minuten gehen lassen, bis sich sein Volumen ungefähr verdoppelt hat.

**Flaschen-
tomaten enthal-
ten viel Frucht-
fleisch, aber
weniger Saft als
runde oder
Fleischtomaten.
Deshalb eignen
sie sich gut zum
Füllen, als Belag
für Quiche und
herzhafte
Blechkuchen.**

2 Inzwischen die Rucola waschen und fein zerkleinern. Die Tomaten kurz mit kochendem Wasser überbrühen, abziehen und in kleine Würfel schneiden. Den Knoblauch abziehen und zerdrücken. Die Zucchini waschen, putzen und raspeln, den Fetakäse fein zerbröckeln. Alle diese Zutaten in einer Schüssel vermischen und kräftig mit Salz und Pfeffer würzen.

3 Den Teig auf der bemehlten Arbeitsfläche mit den Händen kräftig durchkneten und in 16 Portionen teilen. Jede Portion zu einer Kugel rollen, mit der Fetamischung füllen und zu Brötchen formen. Auf gefetteten Backblechen 15 Minuten zugedeckt gehen lassen.

4 Brötchen entweder nacheinander in den kalten Ofen (Mitte) schieben und bei 200 °C (Umluft 180 °C, Gas Stufe 3–4) etwa 30 Minuten backen.

Oder beide Bleche gleichzeitig einschieben und die Brötchen etwa 45 Minuten backen.

Gefüllte Muffins

Zutaten für 12 Stück

100 g Schweinemett • 1 TL getrockneter Majoran • 1/2 TL abgeriebene Zitronenschale • 300 g Mehl • 50 g geriebener reifer Gouda oder Parmesan • frisch gemahlener schwarzer Pfeffer • frisch geriebene Muskatnuss • 1/2 Päckchen Backpulver • 2 Eier • 1/4 l Buttermilch • Fett für die Formen

Zubereitungszeit: 1 Stunde
Pro Stück:
660/158 kJ/kcal
7 g Eiweiß
6 g Fett
19 g Kohlenhydrate
1 g Ballaststoffe
53 mg Cholesterin
74 mg Kalzium

1 Das Mett mit Majoran und Zitronenschale mischen und zu 12 Klößchen formen.

2 Das Mehl mit Käse, grobem Pfeffer aus der Mühle, Muskat und Backpulver mischen. Die Eier mit der Milch verquirlen, zur Mehlmischung gießen und alles zu einem Teig verkneten.

3 Gefettete Muffinformen zuerst mit Teig, dann mit den Mett-klößchen füllen und mit dem restlichen Teig abdecken.

4 Die Muffins in den kalten Backofen (Mitte) stellen und bei 180 °C (Umluft 160 °C, Gas Stufe 2–3) etwa 25 Minuten goldbraun backen. Herausnehmen und noch in den Formen 5 Minuten ruhen lassen. Danach die Muffins herauslösen und sofort servieren.

TIPP Die Muffins schmecken auch ohne Mettklößchen lauwarm wie Brötchen zu Frischkäse und Radieschen oder Tomaten.

Schweizer Spinatwähe

**Zubereitungs-
zeit: 2 Stunden
Pro Stück:
683/163 kJ/kcal
3 g Eiweiß
11 g Fett
13 g Kohlen-
hydrate
1 g Ballaststoffe
30 mg Chole-
sterin
45 mg Kalzium**

Zutaten für 12 Stücke
Teig: 125 g Butter · 200 g Mehl · Salz
Belag: 1 Zwiebel · 1 TL Öl · 2 Knoblauchzehen
100 g frischer Blattspinat · 4 Eier · 300 g Dickmilch
Salz, Cayennepfeffer · Fett für die Form

1 Die Butter in kleine Stücke schneiden. Mit Mehl, Salz und 3 bis 4 Esslöffeln kaltem Wasser zu einem glatten Teig kneten. Eine Springform von 26 Zentimeter Durchmesser fetten, mit dem Teig auskleiden, dabei einen Rand von 3 Zentimeter hochdrücken. Den Teigboden etwa 1 Stunde kühl stellen.

2 Die Zwiebel abziehen, fein würfeln und im heißen Öl glasig andünsten. In eine Schüssel geben. Den Knoblauch abziehen und zerdrücken. Den Spinat verlesen, waschen und in reichlich sprudelnd kochendem Wasser blanchieren. Abgießen, gut abtropfen lassen, mit den Händen ausdrücken und grob hacken.

3 Die Eier und die Dickmilch verquirlen. Die Zwiebelmischung und den Spinat dazugeben, mit Salz und Cayennepfeffer nach Belieben würzen.

4 Die Spinatmischung auf dem Teigboden verteilen. Die Wähe auf den Rost in den kalten Backofen (Mitte) stellen und bei 200 °C (Umluft 180 °C, Gas Stufe 3–4) etwa 40 Minuten backen, bis sie an der Oberfläche schön gebräunt ist.

Tipp Die Wähe schmeckt am besten lauwarm oder kalt, ist also ideal zum Vorbereiten. Mit grünem Salat oder Tomatensalat ergibt sie ein feines Hauptgericht.

Käseplätzchen

Zutaten für 12 Stück

1 kleine rote Paprikaschote • 180 ml Milch • 2 EL Öl • 2 EL Butter • 250 g Mehl • 1/2 Päckchen Backpulver • 1 TL Paprikaflocken • 1/2 TL Salz • 75 g geriebener Bergkäse • Mehl für die Arbeitsfläche • Fett für das Blech

Zubereitungszeit: 50 Minuten
Pro Stück:
624/149 kJ/kcal
5 g Eiweiß
7 g Fett
17 g Kohlenhydrate
1 g Ballaststoffe
12 mg Cholesterin
99 mg Kalzium

1 Die Paprikaschote putzen, gründlich waschen, trockentupfen und fein zerkleinern.

2 Die Milch mit dem Öl und der Butter in einen kleinen Topf geben und leicht erwärmen, bis die Butter geschmolzen ist. Das Mehl mit dem Backpulver, den Paprikaflocken, dem Salz und dem Käse gründlich vermischen.

3 Die Milch langsam dazugießen und alles mit den Knethaken des Handrührgeräts zu einem Teig verkneten. Den Teig auf der bemehlten Arbeitsfläche kräftig durchkneten. Zum Schluss die zerkleinerte Paprikaschote unterkneten. Den Teig zu einer Rolle formen und in 12 Scheiben schneiden.

4 Das Käsegebäck in ausreichend weiten Abständen auf ein gefettetes Backblech legen, in den kalten Backofen (Mitte) schieben und bei 220 °C (Umluft 200 °C, Gas Stufe 4–5) in etwa 15 Minuten goldbraun backen. Auf dem Blech noch 10 Minuten ruhen lassen, dann ablösen und warm servieren.

TIPP Statt der Paprikaschote können Sie auch eine kleine Chilischote nehmen: Die Schärfe kurbelt den Kreislauf kräftig an. Wer auf seinen Cholesterinspiegel achten muss, sollte die Butter durch eine gute Pflanzenmargarine ersetzen.

Bulgursalat mit Schafskäse

**Zubereitungs-
zeit: 35 Minuten
Pro Portion:
1517/362 kJ/kcal
10 g Eiweiß
18 g Fett
40 g Kohlen-
hydrate
6 g Ballaststoffe
11 mg Chole-
sterin
155 mg Kalzium**

Zutaten für 4 Personen

*1 TL Gemüsebrüheextrakt · 200 g Bulgur · 300 g Tomaten
2 Minigurken oder 1/2 Salatgurke · 100 g harter türkischer
Schafskäse oder italienischer Pecorino · 1/2 Bund frische
Pfefferminze · 4 EL Zitronensaft · Salz, frisch gemahlener schwarzer Pfeffer · 1/4–1/2 TL Cayennepfeffer
4 EL Olivenöl*

1 Den Gemüsebrüheextrakt mit 1/2 Liter Wasser aufkochen und über das Bulgur gießen. Das Bulgur mit einer Gabel kräftig durchmischen und zugedeckt ziehen lassen, bis die anderen Zutaten vorbereitet sind.

2 Inzwischen die Tomaten mit kochend heißem Wasser kurz überbrühen, abziehen und würfeln. Die Gurken waschen und ebenfalls in kleine Würfel schneiden. Den Käse grob raspeln. Die Pfefferminze waschen, vorsichtig trockentupfen und fein schneiden.

3 Für die Salatsauce den Zitronensaft mit Salz, schwarzem Pfeffer, Cayennepfeffer und Olivenöl verrühren. Mit dem Bulgur, den Gurken und den Tomaten mischen. Den Käse und die Pfefferminze locker unterheben.

TIPP Türkischer Hartkäse aus Schafsmilch schmeckt mild und lässt sich gut raspeln. Wer keinen Schafskäse mag, kann aber ebenso einen anderen Hartkäse wählen – beispielsweise bieten sich italienischer Pecorino oder auch Parmesan bei diesem Rezept an. In türkischen Läden bekommen Sie auch grobes und feines Bulgur. Feines eignet sich gut für Salate, weil man es nicht kochen muss.

Eingelegter Schafskäse

Zutaten für 6 Personen

*300 g griechischer Fetakäse • 2–4 Knoblauchzehen
2 Zweige Thymian • 1/2 Bund Petersilie • 1 kleine rote Pfefferschote • 1/2 unbehandelte Zitrone • 1 EL weiße Pfefferkörner • etwa 3/8 l Olivenöl*

**Zubereitungs-
zeit: 25 Minuten
Pro Portion:
2844/679 kJ/kcal
9 g Eiweiß
72 g Fett
2 g Kohlen-
hydrate
0 g Ballaststoffe
23 mg Chole-
sterin
233 mg Kalzium**

1 Den Schafskäse nicht zu klein würfeln, die abgezogenen Knoblauchzehen grob hacken. Beide Zutaten in ein verschließbares Gefäß aus Glas oder Steingut geben.

2 Den Thymian und die Petersilie waschen, mit Küchenkrepp vorsichtig trockentupfen und grob hacken. Die Pfefferschote waschen und halbieren, die Kerne entfernen. Die Zitrone waschen, abtrocknen und ein etwa 10 Zentimeter langes Stück Schale abschneiden. Den Saft auspressen, die Pfefferkörner mit einer Gabel zerdrücken.

3 Alle diese Zutaten zum Käse geben. So viel Öl dazugießen, dass alles gerade eben davon bedeckt ist. Den Käse verschlossen im Kühlschrank mindestens 4 Tage durchziehen lassen.

4 Zum Servieren den Käse mit etwas Marinade auf Teller geben und mit beliebigen Beilagen anrichten.

TIPP Schafskäse in Olivenöl mit Knoblauch und Kräutern schmeckt zu Weintrauben und Birnen, Tomaten und Radieschen, Pellkartoffeln und Brot oder als Salatgarnitur. Achten Sie beim Einkauf darauf, dass Sie auch wirklich das kriegen, was Sie wollten. Oft handelt es sich bei fertig abgepacktem Feta um Käse aus Kuhmilch statt aus Schafsmilch. Am besten gehen Sie in einen griechischen Feinkostladen.

Fleischlose Hauptgerichte

Sie müssen selbstverständlich nicht ganz auf Fleisch verzichten, um sich gesund zu ernähren. Zu viel sollte es jedoch nicht sein, da Ihr Kalziumbedarf sonst steigt. Probieren Sie auch einmal neue vegetarische Kombinationen, z. B. Gemüse mit Sojasprossen oder Tofu.

Knoblauchporree mit Joghurtsauce

Zutaten für 3 Personen

600 g dünne Stangen Lauch (Porree) • 2–3 Knoblauchzehen
2 EL Öl • Saft und abgeriebene Schale von 1/2 unbehandelten Zitrone • Salz, frisch gemahlener weißer Pfeffer
50 g Sonnenblumenkerne • 1/2 Bund Basilikum • 1 Tomate
250 g Joghurt

1 Den Lauch putzen, waschen und in fingerbreite Stücke schneiden. Den Knoblauch abziehen und hacken.

2 Das Öl erhitzen. Lauch mit Knoblauch, Zitronenschale und -saft darin zugedeckt bei mittlerer Hitze etwa 5 Minuten garen. Mit Salz und Pfeffer würzen. Sonnenblumenkerne darüber streuen.

3 Das Basilikum waschen, trockentupfen und grob hacken. Die Tomate kurz mit heißem Wasser überbrühen, häuten und in Würfel schneiden.

4 Das Basilikum und die Tomate unter den Joghurt rühren, mit Salz und Pfeffer aus der Mühle würzen und zum Lauch servieren. Dazu passen Pellkartoffeln oder Brot.

Zubereitungszeit: 25 Minuten
Pro Portion:
1120/268 kJ/kcal
10 g Eiweiß
20 g Fett
12 g Kohlenhydrate
4 g Ballaststoffe
12 mg Cholesterin
244 mg Kalzium

Geschmorte Paprikaschoten mit Schafskäse lassen Erinnerungen an den letzten Griechenlandurlaub aufsteigen.

Geschmorte Paprikaschoten mit Schafskäse

Zubereitungs-
zeit: 1 Stunde
und 40 Minuten
Pro Portion:
1514/361 kJ/kcal
12 g Eiweiß
28 g Fett
10 g Kohlen-
hydrate
8 g Ballaststoffe
23 mg Chole-
sterin
287 mg Kalzium

Zutaten für 4 Personen

4 mittelgroße rote, grüne und gelbe Paprikaschoten (etwa 800 g) · 500 g Tomaten · 1 Gemüsezwiebel · 2 Knoblauchzehen · 200 g weicher Schafskäse · Salz, frisch gemahlener schwarzer Pfeffer · 1 Bund gemischte Kräuter für Lammbraten (Rosmarin, Thymian, Lorbeer, Salbei) · 6 EL Olivenöl 6 EL trockener Weißwein oder Gemüsebrühe

1 Die Paprikaschoten putzen, waschen, und in etwa fingerbreite Streifen schneiden. Die Tomaten überbrühen, abziehen und der Länge nach vierteln. Stielansätze dabei entfernen. Die Gemüsezwiebel und den Knoblauch abziehen und hacken. Schafskäse zerbröckeln.
2 Paprikaschoten, Tomaten und Käse in einen Schmortopf schichten.

Mit Salz und reichlich Pfeffer würzen. Kräuterzweige dazwischen legen, Öl und Wein bzw. Gemüsebrühe dazugießen.
3 Den geschlossenen Topf auf einen Rost in den kalten Backofen (untere Schiene) schieben und bei 200 °C (Umluft 180 °C, Gas Stufe 3–4) 1 1/4 Stunden schmoren. Dazu passt Weißbrot oder Pellkartoffeln.

TIPP Viele Menschen vertragen Paprikaschoten ohne Haut besser. Zum Abziehen die geviertelten Schoten mit der Hautseite nach unten im heißen Öl braten. Oder ganze Schoten unter dem Backofengrill backen, bis die Haut große Blasen wirft. Unter einem feuchten Tuch oder in einem Gefrierbeutel abkühlen lassen, dann abziehen. Dickfleischige rote Paprikaschoten kann man auch mit einem Sparschäler abschälen.

Blumenkohl in Käsesauce

Zutaten für 4 Personen

*1 Blumenkohl (etwa 800 g) • 100 g mittelalter Gouda
1 Tomate • 1 Bund Majoran oder Petersilie • 1/4 l Gemüsebrühe • 5 EL Milch • 2 EL Sahne • 1 TL Zitronensaft • Salz,
schwarzer Pfeffer • geriebene Muskatnuss*

**Zubereitungs-
zeit: 45 Minuten
Pro Portion:
723/172 kJ/kcal
11 g Eiweiß
12 g Fett
6 g Kohlen-
hydrate
4 g Ballaststoffe
38 mg Chole-
sterin
287 mg Kalzium**

1 Den Blumenkohl put-
zen und in Röschen und
Strünke teilen. Gründlich
waschen und anschlie-
ßend abtropfen lassen.
Den Käse fein reiben.
Die Tomaten kurz über-
brühen, abziehen und
würfeln, die Kräuterblät-
ter abzupfen, waschen,
trocknen und fein hacken.
2 Blumenkohlröschen
und Strünke in der Ge-
müsebrühe aufkochen
und zugedeckt in etwa
10 Minuten bissfest garen.
Die Röschen mit einem
Schaumlöffel herausneh-
men, abtropfen lassen
und warm halten.

3 Die Strünke weitere
5 Minuten kochen, bis sie
ganz weich sind. Zusam-
men mit der Kochflüssig-
keit mit dem Blitzhacker
pürieren. Die Milch, die
Sahne, den Zitronensaft
und den Käse dazugeben.
Die Sauce bei schwacher
bis mittlerer Hitze rühren,
bis sich der Käse aufge-
löst hat. Mit Salz, Pfeffer
und Muskatnuss ab-
schmecken.
4 Die Blumenkohlrös-
chen in der Sauce erhit-
zen, aber nicht mehr auf-
kochen. Tomaten und
Kräuterblättchen locker
darunter mischen.

TIPP Je frischer das Gemüse ist, desto schneller ist es
gar. Und Blumenkohl oder Brokkoli schmecken über-
haupt nicht mehr, wenn sie zu weich geraten sind. Deshalb nicht einfach die angegebene Garzeit einhalten,
sondern zwischendurch lieber einmal kosten.

Sojasprossengemüse mit Tofu

Zubereitungs-
zeit: 45 Minuten
Pro Portion:
1086/259 kJ/kcal
15 g Eiweiß
16 g Fett
12 g Kohlen-
hydrate
10 g Ballast-
stoffe
0 mg Chole-
sterin
335 mg Kalzium

Zutaten für 4 Personen

500 g Möhren • 500 g Spinat • 1 rote Zwiebel • 1 Knoblauch-
zehe • 250 g Sojasprossen • 1 TL Speisestärke • 1/4 l Gemüse-
brühe • 250 g Tofu • 3 EL Erdnussöl • Sojasauce • frisch ge-
mahlener schwarzer Pfeffer • 1 EL Sesamkörner

1 Die Möhren schälen und in dünne Stifte schneiden. Den Spinat verlesen und waschen. Die Zwiebel abziehen, halbieren und in feine Scheiben schneiden. Den Knoblauch abziehen und zerdrücken. Die Sojasprossen kalt abspülen und gut abtropfen lassen. Die Speisestärke mit 2 Esslöffeln Gemüsebrühe glatt rühren.

2 Den Tofu trockentupfen, in kleine Würfel schneiden und in 2 Esslöffeln Öl goldbraun anbraten.

3 Das restliche Öl in einer großen Pfanne erhitzen. Die Möhren, den Spinat, die Zwiebel und den Knoblauch darin bei starker Hitze 2 Minuten unter Rühren dünsten. Die restliche Brühe zugießen, aufkochen und das Gemüse zugedeckt bei schwacher Hitze 5 Minuten garen. Die Sprossen darunter mischen und weitere 2 Minuten garen.

4 Die angerührte Speisestärke darunter mischen und einmal aufkochen. Den Tofu auf dem Gemüse verteilen, mit Sojasauce und Pfeffer abschmecken. Den Sesam ohne Fett rösten und über das Gemüse streuen.

INFO Sojasprossen gehören zu den wenigen Gemüsesorten, die viel Kalzium enthalten, die Sesamkörner in diesem Rezept liefern außerdem wertvolle Fettsäuren dazu.

Gemüsenudeln

Zutaten für 4 Personen
*1 kg Champignons • 1 mittelgroße Zwiebel • 400 g Hörn-
chennudeln • Salz • 1/2 EL Butterschmalz • 150 g tiefgekühlte
Erbsen • 125 g geriebener Käse • 2 Tomaten*

**Zubereitungs-
zeit: 50 Minuten
Pro Portion:
2365/565 kJ/kcal
30 g Eiweiß
14 g Fett
78 g Kohlen-
hydrate
12 g Ballaststoffe
37 mg Chole-
sterin
411 mg Kalzium**

1 Die Champignons putzen, waschen, dann vor-
sichtig mit Küchenkrepp
trockentupfen und in
Scheiben schneiden. Die
Zwiebel abziehen und
fein würfeln.

2 Die Nudeln nach
Packungsvorschrift in
reichlich Salzwasser
bissfest garen.

3 Währenddessen das
Butterschmalz in einer
großen Pfanne erhitzen.
Die Pilze, die Zwiebel und
die Erbsen darin bei mittlerer Hitze etwa 4 Minu-
ten braten.

4 Die Nudeln abgießen
und abtropfen lassen. Mit
dem Gemüse und etwa
der Hälfte des Käses
mischen.

5 Die Mischung in eine
flache Auflaufform füllen.
Die Tomaten kurz mit ko-
chend heißem Wasser
überbrühen und abzie-
hen, in Scheiben schnei-
den und auf die Nudeln
legen. Den restlichen
Käse gleichmäßig darüber
streuen. Die Nudeln in
den kalten Backofen
(Mitte) stellen und bei
250 °C (Umluft 220 °C,
Gas Stufe 6) etwa 20 Mi-
nuten goldgelb über-
backen. Danach heraus-
nehmen und servieren.

TIPP Bei diesem Rezept ist es Ihnen überlassen, welche
Käsesorte Sie wählen. Eher mild schmecken die Nudeln
mit mittelaltem Gouda. Wenn Sie dem Gericht gerne
eine würzigere Note geben möchten, dann können Sie
beispielsweise Greyerzer oder Schweizer Emmentaler
verwenden.

Bohnenfrikadellen mit Kräutersauce

**Zubereitungs-
zeit: 40 Minuten
Pro Portion:
1302/311 kJ/kcal
20 g Eiweiß
16 g Fett
21 g Kohlen-
hydrate
5 g Ballaststoffe
85 mg Chole-
sterin
355 mg Kalzium**

Zutaten für 4 Personen
2 Dosen weiße Riesenbohnen (Einwaage je 400 g)
50 g Parmesan · 1/2 Päckchen asiatische Kräuermischung
(tiefgekühlt) · 1 Ei · Salz, Cayennepfeffer · 1 Tomate
300 g Magerjoghurt · 100 g saure Sahne · 3 EL gemischte
gehackte Kräuter (frisch oder tiefgekühlt) · Öl zum Braten

1 Die Bohnen abtropfen lassen und zusammen mit dem Käse im Blitzhacker pürieren. Die Kräutermischung, das Ei, Salz und eine kräftige Prise Cayennepfeffer unterrühren. Den Teig kräftig durchkneten und 12 Frikadellen daraus formen.
2 Die Frikadellen bei mittlerer Hitze im heißen Öl auf jeder Seite etwa 4 Minuten braten.
3 Inzwischen die Tomate abziehen und würfeln. Mit Joghurt, saurer Sahne und den Kräutern mischen, mit Salz und Cayennepfeffer würzen.
4 Die Joghurtsauce zu den heißen Frikadellen servieren. Dazu passt Fladenbrot.

Zucchini mit Joghurtsauce

**Zubereitungs-
zeit: 30 Minuten
Pro Portion:
1666/397 kJ/kcal
7 g Eiweiß
37 g Fett
9 g Kohlen-
hydrate
3 g Ballaststoffe**

Zutaten für 4 Personen
1 kg schlanke Zucchini · 1/8 l Öl · 1/2 Bund gemischte
Kräuter · 300 g Magerjoghurt · 100 g saure Sahne
1 Prise gemahlener Kreuzkümmel · Salz, frisch gemahlener
weißer Pfeffer

1 Die Zucchini waschen, trocknen und längs in fingerdicke Scheiben schneiden. Portionsweise im heißen Öl bei schwacher Hitze zugedeckt auf beiden Seiten braun anbraten und ziehen lassen, bis sie weich sind.

2 Inzwischen die Kräuter waschen, sorgfältig trockentupfen und fein hacken. Mit dem Joghurt und der sauren Sahne vermischen und mit Kreuzkümmel, Salz und Pfeffer abschmecken.

3 Die heißen Zucchini mit dem Joghurt anrichten. Als Beilagen Kartoffeln, Brot, Hirse oder Bulgur servieren.

17 mg Cholesterin
204 mg Kalzium

TIPP Zucchini schmecken jung am besten: Nehmen Sie möglichst kleine, schlanke Zucchini mit aromatischem festem Fleisch. So genannte Babyzucchini mit Blüten sind keine spezielle Züchtung, sondern jung geerntete Früchte, die noch die Blüte tragen.

Gefüllte Paprikaschoten

Zutaten für 2 Personen

2 rote Paprikaschoten (zusammen etwa 500 g) • Salz
150 g Mozzarella • 250 g Tomaten • 1/2 Bund Basilikum
50 g frisch geriebener Parmesan • 50 g saure Sahne
25 g Sesamsamen • frisch gemahlener weißer Pfeffer

Zubereitungszeit: 25 Minuten
Pro Portion:
2101/502 kJ/kcal
29 g Eiweiß
35 g Fett
17 g Kohlenhydrate
9 g Ballaststoffe
69 mg Cholesterin
772 mg Kalzium

1 Die Paprikaschoten waschen und abtrocknen. Die Schoten der Länge nach halbieren. Die Stiele, die Kerne und die weißen Trennwände entfernen. Die Schotenhälften innen salzen.

2 Den Mozzarella und die Tomaten würfeln.

Das Basilikum fein hacken.

3 Diese Zutaten mit dem Parmesan, der Sahne und dem Sesam vermischen, mit Salz und Pfeffer abschmecken und in die Schotenhälften füllen. Dazu passt Toast oder Vollkornbrot.

Rohrnudeln mit Sahnekohl

**Zubereitungs-
zeit: 2 Stunden
und 30 Minuten
Pro Portion:
2753/657 kJ/kcal
17 g Eiweiß
33 g Fett
72 g Kohlen-
hydrate
10 g Ballast-
stoffe
243 mg Chole-
sterin
178 mg Kalzium**

Zutaten für 4 Personen

*Für die Rohrnudeln: 300 g Weizenmehl Type 1050 • 1/2 Päck-
chen Trockenhefe • 1 TL Zucker • 1 Prise Salz • abgeriebene
Schale von 1/2 unbehandelten Zitrone • 100 ml Wasser
50 g weiche Butter • 2 Eier • 1 zimmerwarmes Eigelb
Für den Kohl: 1 Kopf Weißkohl (etwa 1 kg) • 1 Zwiebel • 1 großes
Bund Schnittlauch • 1 EL Öl • 1 TL Weizenmehl • 1 TL getrock-
netes Bohnenkraut • 1/8 l Brühe • Salz, frisch gemahlener
weißer Pfeffer • 1 EL Zitronensaft • 125 g Sahne
Für die Form: Butter • Mehl
Zum Bestreichen: 1 EL zerlassene Butter*

1 Mehl mit Hefe, Zucker, Salz und Zitronenschale in einer Schüssel mischen. Wasser und Butter in einem Topf erwärmen, bis die Butter zerlaufen ist. Mit Eiern und Eigelb zum Mehl geben.

2 Alles mit dem Handrührgerät 5 Minuten durchkneten, bis der Teig Blasen wirft und sich vom Schüsselrand löst. Zugedeckt bei Zimmertemperatur etwa 45 Minuten gehen lassen, bis sich das Volumen des Teigs verdoppelt hat.

3 Mit einem Esslöffel etwa walnussgroße Stücke vom Teig abstechen, mit bemehlten Händen zu Kugeln formen und auf die mit Mehl bestäubte Arbeitsfläche legen. Zugedeckt 15 Minuten gehen lassen.

4 Eine Springform von 26 Zentimeter Durchmesser fetten und mit Mehl bestäuben. Die Teigkugeln nebeneinander hineinsetzen und mit der zerlassenen Butter bestreichen. Form in den kalten Backofen (untere Schiene) stellen. Ofen auf 200 °C (Umluft 180 °C, Gas Stufe 3–4) schalten. Rohrnudeln etwa 30 Minuten backen. Herausnehmen, in der Form 10 Minuten stehen lassen, auf ein Kuchengitter stürzen und lauwarm abkühlen lassen.

5 Während der Backzeit den Kohl vierteln, welke Blätter und Strunk entfernen. Kohl in fingerbreite Streifen schneiden und waschen.

6 Die Zwiebel abziehen und würfeln. Den Schnittlauch waschen, fein hacken und beiseite stellen. Das Öl erhitzen und die Zwiebel darin bei schwacher Hitze glasig andünsten. Den Kohl zugeben und bei mittlerer Hitze etwa 2 Minuten unter Rühren dünsten.

7 Mehl und Bohnenkraut untermischen, die Brühe zugießen, Kohl mit Salz, Pfeffer und Zitronensaft würzen. Einmal aufkochen und zugedeckt bei mittlerer bis schwacher Hitze etwa 25 Minuten garen.

8 Die Sahne und den Schnittlauch untermischen und erhitzen, aber nicht mehr aufkochen. Den Kohl zu den Rohrnudeln servieren.

Da die Rohrnudeln nur mit ein wenig Salz und Zitrone gewürzt sind, können sie auch mit Kompott oder mit frischen Früchten und Schlagsahne serviert werden.

Bei diesen Rohrnudeln besteht nur eine Gefahr: Ihre Gäste könnten nach einer dritten und vierten Portion verlangen.

Kirschstrudel mit Quark

**Zubereitungs-
zeit: 2 Stunden;
davon Backzeit:
50 Minuten
Pro Portion:
4361/1042 kJ/kcal
40 g Eiweiß
54 g Fett
96 g Kohlen-
hydrate
9 g Ballaststoffe
238 mg Chole-
sterin
408 mg Kalzium**

Zutaten für 4 Personen
*Für den Teig: 250 g Mehl • Salz • 1/8 l lauwarmes Wasser
5 EL Öl • 1 Eigelb
Für die Füllung: 750 g Kirschen • 100 g Mandelmakronen
1 unbehandelte Zitrone • 50 g abgezogene Mandeln
2 Eier • 500 g Magerquark • 200 g saure Sahne • 2 EL Vanillezucker • 1 Eiweiß • 30 g Butter • 1/4 l Milch • Mehl
zum Ausrollen*

1 Das Mehl, Salz, das Wasser, das Öl und das Eigelb in eine Schüssel geben und mit Hilfe der Knethaken des Hand-rührgeräts vermischen. Die Mischung auf die Arbeitsfläche geben und mit den Händen so lange kräftig durchkneten, bis ein glatter Teig entstan-den ist.

2 Den Teig zu einem Kloß formen, in Perga-mentpapier wickeln und in einen Topf legen, den Sie zuvor mit heißem Wasser ausgespült haben. Den Teig darin zugedeckt ruhen lassen, bis die Fül-lung zubereitet ist.

3 Für die Füllung die Kir-schen waschen, abzupfen und entsteinen. Die Man-delmakronen in einen Gefrierbeutel geben und mit der Nudelrolle fein zerkleinern. Die Zitrone waschen, abtrocknen, die Schale etwa zur Hälfte dünn abreiben, den Saft auspressen. Die Mandeln fein mahlen. Die Eier trennen.

4 Den Quark mit den Ei-gelben, der sauren Sahne, dem Vanillezucker, dem Zitronensaft und der Zi-tronenschale verrühren. Das Eiweiß steif schlagen und unter die Quark-masse heben.

5 Eine ofenfeste Form mit niedrigem Rand mit der Hälfte der Butter fet-ten. Die restliche Butter in der Milch erhitzen, bis die Butter völlig geschmolzen ist.

6 Den Teigkloß in 2 Stücke schneiden. Ein Küchentuch mit Mehl bestäuben. Jedes Teigstück darauf zuerst so dünn wie möglich ausrollen. Die Teigplatte hochheben und wie ein Tuch über beide Handrücken legen. Die leicht nach innen gewölbten Hände vorsichtig auseinander führen und so die Teigplatte nach und nach gleichmäßig dehnen, damit sie möglichst dünn wird. Die Platte wieder auf die Arbeitsfläche legen und mit den Fingerspitzen rundherum an den dickeren Rändern vorsichtig weiterhin ausziehen.

7 Das Teigstück mit Quarkcreme bestreichen, mit Mandelmakronen und Mandeln bestreuen und mit Kirschen belegen.

Dabei rundherum am Rand etwa 2 Zentimeter frei lassen, damit die Strudelfüllung beim Zusammenrollen nicht herausquillt.

8 Zuerst die Schmalseiten, anschließend die Längsseiten des Teigstücks über die Füllung klappen. Den Strudel aufrollen und in die Form legen. Das zweite Teigstück ebenso füllen und neben den ersten Strudel legen. Die Milch-Buttermischung rundherum dazugießen.

9 Die Form auf den mittleren Rost in den kalten Backofen stellen. Den Ofen auf 200 °C (Umluft 180 °C, Gas Stufe 3–4) schalten. Die Strudel etwa 50 Minuten goldgelb backen. Dabei zwei- oder dreimal mit der Flüssigkeit übergießen, die sich am Boden der Form sammelt.

Einen Strudel richtig zu backen, ist nicht leicht. Doch lassen Sie sich nicht entmutigen: Wenn es klappt, wird das Ergebnis garantiert bestaunt!

TIPP Der saftige Strudel schmeckt frisch aus dem Ofen als süßes Hauptgericht, Sie können ihn aber ebenso abgekühlt zum Kaffee reichen.

Käsespätzle mit Zwiebelringen

**Zubereitungs-
zeit: 1 Stunde
Pro Portion:
3536/845 kJ/kcal
39 g Eiweiß
35 g Fett
92 g Kohlen-
hydrate
6 g Ballaststoffe
309 mg Chole-
sterin
762 mg Kalzium**

Zutaten für 4 Personen
*500 g Mehl · Salz · 4 Eier · etwa 1/4 l Wasser · 300 g Zwie-
beln · 25 g Butter · 1 EL Öl · 250 g Emmentaler Käse (45 %)
frisch gemahlener weißer Pfeffer*

1 Für die Spätzle das
Mehl mit einer kräftigen
Prise Salz, den Eiern und
so viel Wasser verrühren,
dass ein zähflüssiger Teig
entsteht: Konturen, die
man mit dem Kochlöffel
zieht, sollten nur langsam
wieder verfließen. Den
Teig zugedeckt 30 Minu-
ten ruhen lassen.
2 Die Zwiebeln abzie-
hen, halbieren und in feine Ringe schneiden. Die
Butter und das Öl in einer
Pfanne erhitzen, bis die
Butter zerlaufen ist. Die
Zwiebeln darin bei
schwacher Hitze unter
mehrmaligem Wenden
weich und goldbraun bra-
ten; das dauert etwa
20 Minuten.
3 Für die Spätzle Wasser
mit Salz zum Kochen
bringen. Den Käse in sehr
kleine Würfel schneiden.

4 Ein nasses Holzbrett
etwa zu 1/4 dünn mit
Spätzleteig bestreichen.
Das Brett mit der bestri-
chenen Seite über den
Kochtopf halten. Für je-
des Spätzle etwas Teig mit
einem Messer so vom
Brett schaben, dass er in
das sprudelnd kochende
Wasser fällt. Oder einen
Spätzlehobel benutzen:
Den Teig portionsweise
einfüllen und rasch ins
sprudelnd kochende Was-
ser streichen.
5 Die Spätzle garen, bis
sie an die Oberfläche
steigen. Die jeweils
garen Spätzle mit einem
Schaumlöffel herausneh-
men und sehr gut abtrop-
fen lassen.
6 Die erste Portion
Spätzle in eine im Ofen
vorgewärmte Schüssel ge-
ben. Eine Schicht Käse

und etwas Pfeffer darüber streuen und zugedeckt wieder in den Ofen stellen.

7 Jede weitere Portion Spätzle einfüllen und wieder mit Käse bestreuen; die letzte Schicht sollte Käse sein. Zum Schluss die Zwiebeln über den Spätzle verteilen und sofort servieren.

TIPP Mit geriebenem Käse verbinden sich die heißen Spätzle so gut, dass sie matschig werden könnten. Deshalb ist es besser, den Käse nur zu würfeln.

Nudeln in Käsesauce mit Tomatensalat

Zutaten für 2 Personen

500 g Fleischtomaten · 1 Bund Schnittlauch · 1 EL Balsamicoessig · 2 EL Olivenöl · 250 g Vollkornbandnudeln 125 g Sahne (30 %) · 1/8 l Milch (1,5 %) · 100 g frisch geriebener Parmesan · Salz, frisch gemahlener schwarzer Pfeffer

Zubereitungszeit: 25 Minuten
Pro Portion:
4061/968 kJ/kcal
40 g Eiweiß
51 g Fett
87 g Kohlenhydrate
18 g Ballaststoffe
96 mg Cholesterin
821 mg Kalzium

1 Die Tomaten waschen und in Scheiben schneiden, die Stielansätze entfernen. Den Schnittlauch fein hacken.

2 Die Tomatenscheiben auf einer Platte anrichten und mit dem Schnittlauch bestreuen. Den Essig und das Öl darüber träufeln.

3 Die Nudeln in reichlich Salzwasser al dente kochen, abgießen und abtropfen lassen.

4 Während die Nudeln garen, Sahne und Milch in einem Topf aufkochen. Käse hinzufügen und die Sauce bei mittlerer Hitze kochen lassen, bis sich der Käse aufgelöst hat. Mit Pfeffer würzen.

5 Die Nudeln mit der Sauce vermischen und auf heißen Tellern verteilen. Die Tomaten mit Salz und Pfeffer bestreuen und dazu servieren.

Lasagne mit Gemüse und Pilzen

Zubereitungszeit: 2 Stunden; davon Backzeit: 45 Minuten Pro Portion: 2248/537 kJ/kcal 31 g Eiweiß 31 g Fett 34 g Kohlenhydrate 3 g Ballaststoffe 77 mg Cholesterin 805 mg Kalzium

Zutaten für 5 Personen
1 Bund Lauchzwiebeln • 250 g Tomaten • 1 Zucchini
50 g braune Egerlinge • 1 Knoblauchzehe • 1/2 l Milch (1,5 %)
125 g Sahne (30 %) • 40 g Mehl • 150 g frisch geriebener
Parmesan • Salz, frisch gemahlener schwarzer Pfeffer
300 g Mozzarella • 10 weiße oder grüne Lasagneblätter
(etwa 125 g; ohne Vorkochen verwendbar)

1 Die Lauchzwiebeln putzen, waschen und in dünne Ringe schneiden. Die Tomaten abziehen und würfeln. Die Zucchini waschen, putzen und in dünne Stifte schneiden. Die geputzten Pilze in dünne Scheiben teilen. Den Knoblauch fein hacken.

2 Für die Sauce die Milch, die Sahne und das Mehl mit den Quirlen des Handrührgeräts kräftig verrühren. Den Parmesan, Salz und Pfeffer darunter mischen. Den Mozzarella in Scheiben schneiden.

3 Eine ofenfeste Form mit etwas Sauce ausgießen. Schichtweise das zerkleinerte Gemüse und die Teigplatten einfüllen. Das Gemüse jeweils mit Salz würzen und mit Sauce bedecken. Obenauf die restlichen Teigplatten, Sauce und die Mozzarellascheiben geben.

4 Die Form auf den Rost in den kalten Backofen (Mitte) stellen. Den Ofen auf 200 °C (Umluft 180 °C, Gas Stufe 3–4) schalten. Die Lasagne etwa 45 Minuten backen, bis die Oberfläche gebräunt ist.

TIPP Noch raffinierter wird dieses Rezept, wenn Sie die Lasagneblätter – eventuell mit Hilfe einer Nudelmaschine – selbst herstellen.

Käsewaffeln mit Sauerkraut

Zutaten für 4 Personen

*1 große Zwiebel · 2 EL Öl · 750 g Sauerkraut · Salz
1/8 l naturtrüber Apfelsaft · 200 g Mehl · 1/4 l Mager-
milch · 200 g saure Sahne · 2 Eier · 100 g frisch geriebener Emmentaler Käse · 100 g Sesamsamen · 2 TL getrockneter Thymian · frisch gemahlener schwarzer
Pfeffer · 1 Bund Schnittlauch · 1 TL Paprikapulver (edelsüß)
Fett für das Waffeleisen*

**Zubereitungs-
zeit: 1 Stunde
und 40 Minuten;
davon Backzeit:
1 Stunde
Pro Portion:
3028/724 kJ/kcal
28 g Eiweiß
45 g Fett
50 g Kohlen-
hydrate
12 g Ballaststoffe
187 mg Chole-
sterin
730 mg Kalzium**

1 Die Zwiebel fein hacken. Das Öl in einem Topf erhitzen. Das Sauerkraut und die Zwiebel darin bei mittlerer Hitze unter Rühren etwa 2 Minuten schmoren. Salz und Apfelsaft dazugeben und aufkochen. Das Sauerkraut zugedeckt 40 Minuten garen.

2 Für die Waffeln das Mehl mit der Milch, etwa 1/3 der Sahne, den Eiern, dem Käse, dem Sesam, dem Thymian, Salz und schwarzem Pfeffer ver-rühren. Den Teig quellen lassen, bis das Sauerkraut fertig ist.

3 Den Schnittlauch in feine Röllchen schneiden. Zusammen mit dem Rest der sauren Sahne und dem Paprikapulver unter das Sauerkraut mischen.

4 Die Backflächen des heißen Waffeleisens fetten. Jeweils etwa 1 1/2 Esslöffel Teig hinein-geben und 3 bis 4 Minuten backen. Die fertigen Waffeln noch heiß zum Sauerkraut servieren.

TIPP Backen Sie Waffeln lieber nicht vorab in der Küche, sondern erst bei Tisch, wenn alle zusammensitzen. Denn Waffeln schmecken frisch aus dem Eisen am besten. Das Warmhalten vertragen sie dagegen nicht so gut und werden schnell lasch und weich.

Gemüseauflauf

**Zubereitungs-
zeit: 1 Stunde
und 15 Minuten;
davon Backzeit:
30 Minuten
Pro Portion:
1924/459 kJ/kcal
30 g Eiweiß
32 g Fett
14 g Kohlen-
hydrate
6 g Ballaststoffe
197 mg Chole-
sterin
960 mg Kalzium**

Zutaten für 4 Personen

*500 g Brokkoli • 500 g Kohlrabi • 500 g Lauch (Porree) •
1/4 l Instantgemüsebrühe • 1 kleine Zwiebel • 1 kleines
Bund Petersilie • 3 frische Salbeiblättchen • 40 g Butter •
1 EL Mehl • 1/4 l Milch (1,5 %) • 2 Eier • 200 g frisch geriebener
Emmentaler Käse • 1 Prise Salz • frisch gemahlener weißer
Pfeffer • 1 TL gemahlener Koriander • 30 g frisch geriebener
Parmesan*

1 Den Brokkoli putzen, in Röschen und Stiele teilen und waschen. Die Stiele schälen. Den Kohlrabi schälen, waschen und würfeln. Die Kohlrabiblättchen waschen und hacken. Den Lauch putzen, waschen und mit den saftigen grünen Blättern

*Salbei, Petersilie
und Koriander
verwöhnen die
Geschmacks-
nerven beim
Verzehren dieses
bunten Auflaufs.*

in etwa fingerbreite Stücke schneiden.

2 Die Gemüsebrühe aufkochen. Die Brokkolistiele und den Kohlrabi hinzufügen, erneut aufkochen und zugedeckt bei mittlerer Hitze 5 Minuten garen. Die Brokkoliröschen und die Lauchstücke dazugeben und noch einmal 3 Minuten garen. Das Gemüse abgießen und abtropfen lassen, die Brühe für die Sauce auffangen.

3 Die Zwiebel fein würfeln. Die Petersilie und den Salbei ebenfalls fein zerkleinern. Die Hälfte der Butter erhitzen. Die Zwiebel bei schwacher Hitze glasig andünsten. Das Mehl darüber stäuben und kurz mitrösten. Zuerst die Brühe, dann die Milch langsam dazugießen und bei mittlerer Hitze rühren, bis die Sauce glatt ist.

4 Die Sauce etwas abkühlen lassen. Die Eier, den Käse, das Salz, den Pfeffer, den Koriander, die Petersilie, den Salbei und die Kohlrabiblättchen darunter mischen.

5 Das Gemüse in eine ofenfeste Form geben. Die Sauce darüber glatt streichen. Den Parmesan gleichmäßig darüber streuen, die restliche Butter in Flöckchen teilen und darauf legen.

6 Die Form auf dem Rost in den kalten Backofen (unten) stellen. Den Ofen auf 200 °C (Umluft 180 °C, Gas Stufe 3–4) schalten. Den Auflauf 30 Minuten backen, bis er oben leicht gebräunt ist.

Probieren Sie statt der grünen Variante mit Brokkoli und Lauch auch einmal die rote: mit Paprika und Radicchio.

TIPP Gemüsebrühe gibt es in Reformhäusern und Naturkostläden – in Gläsern oder als Würfel – zu kaufen. Sie können diese vegetarische Brühe genau wie Instant-fleisch- oder -geflügelbrühe verwenden: als Suppen- oder Saucenwürze. Eine Tasse Gemüsebrühe mit Frischkäsebrot ist eine schnelle Zwischenmahlzeit und gut für den Kalziumspiegel.

Quarkfrikadellen mit Gemüse

**Zubereitungs-
zeit: 1 Stunde
Pro Portion:
2197/524 kJ/kcal
49 g Eiweiß
22 g Fett
30 g Kohlen-
hydrate
14 g Ballast-
stoffe
92 mg Chole-
sterin
813 mg Kalzium**

Für 4 Portionen
*Für die Frikadellen: 1 Zwiebel • 1 Bund Petersilie • 500 g Ma-
gerquark • 50 g Magerjoghurt • 1 Ei • 100 g vollfettes Sojamehl • 50 g Weizenmehl • Salz, frisch gemahlener weißer
Pfeffer • Cayennepfeffer • frisch geriebene Muskatnuss
1 EL getrockneter Thymian • 2 Tomaten • Butter für das
Blech • 100 g frisch geriebener Emmentaler Käse
Für das Gemüse: 1 kg Brokkoli • 1 Bund Lauchzwiebeln
1 große Knoblauchzehe • 1 Hand voll frischer Oregano
300 g Sojasprossen • 1 EL Öl • 1/8 l Wasser • Salz, Cayennepfeffer • 1/4 TL gemahlener Koriander • 2 EL Sahne (10 %)*

1 Für die Frikadellen die
Zwiebel und die Petersilie
fein zerkleinern. Beide
Zutaten mit dem Quark,
dem Joghurt, dem Ei, dem
Soja- und dem Weizen-
mehl, Salz, den Gewürzen
und dem Thymian vermi-
schen. Die Tomaten abzie-
hen und quer zu den Sa-
menkammern in Scheiben
schneiden, dabei die Stielansätze entfernen.

2 Aus dem Teig 8 flache
Frikadellen formen und
nebeneinander auf ein ge-
fettetes Backblech legen.
Die Tomatenscheiben auf
die Frikadellen legen und
mit dem Käse bestreuen.

3 Das Blech in den kalten Backofen (Mitte)
schieben. Die Frikadellen
bei 180 °C (Umluft 160 °C,
Gas Stufe 2–3) etwa
40 Minuten backen, bis
der Käse zerlaufen und
leicht gebräunt ist.

4 Während die Frikadel-
len backen, den Brokkoli
und die Lauchzwiebeln
putzen und waschen. Den
Brokkoli in Röschen und
Stiele teilen. Die Stiele
dünn schälen. Die Lauch-
zwiebeln in fingerbreite
Stücke schneiden. Die
Sprossen kalt abspülen.
Den Knoblauch und den
Oregano hacken.

5 Das Öl in einem großen Topf erhitzen. Die Brokkolistiele, die Frühlingszwiebeln, den Knoblauch und den Oregano darin bei mittlerer Hitze unter Rühren andünsten. Das Wasser, Salz, Cayennepfeffer und den Koriander dazugeben, kurz aufkochen und zugedeckt bei schwacher Hitze etwa 5 Minuten bissfest garen.

6 Die Brokkoliröschen und die kalt abgespülten Sprossen hinzufügen, erneut aufkochen und weitere 5 Minuten garen. Die Sahne darunter mischen.

7 Die Frikadellen auf warme Teller verteilen. Das Gemüse daneben anrichten.

Pellkartoffeln mit Brunnenkresse

Zutaten für 2 Personen

4 Bund Brunnenkresse (etwa 125 g) · 500 g Kartoffeln 1/4 l Milch (1,5 %) · 100 g Sahne (30 %) · 50 g frisch geriebener Parmesan · 1 TL Speisestärke · 3 EL Wasser · Salz, Cayennepfeffer · frisch geriebene Muskatnuss

Zubereitungszeit: 45 Minuten
Pro Portion:
1959/467 kJ/kcal
19 g Eiweiß
25 g Fett
40 g Kohlenhydrate
6 g Ballaststoffe
70 mg Cholesterin
615 mg Kalzium

1 Die Brunnenkresse verlesen, die Blätter von den harten Stielen zupfen und mehrmals waschen.
2 Die Kartoffeln in wenig Wasser etwa 20 Minuten weich kochen.
3 Die Milch, die Sahne und den Käse in einen Topf geben und unter Rühren aufkochen. Die Speisestärke mit dem Wasser glatt rühren und hinzufügen. Die Sauce bei mittlerer Hitze kochen lassen und rühren, bis der Käse gelöst ist.
4 Die Brunnenkresse unter die Käsesauce mischen und erhitzen. Die Sauce mit Salz, Cayennepfeffer und Muskat abschmecken und zu den Kartoffeln servieren.

Rohkostplatte mit Tofu und Kräuterdressing

Zubereitungs-zeit: 45 Minuten
Pro Portion:
3572/852 kJ/kcal
31 g Eiweiß
69 g Fett
26 g Kohlen-hydrate
13 g Ballast-stoffe
75 mg Chole-sterin
815 mg Kalzium

Zutaten für 2 Personen

200 g Tofu • 1 Zitrone • 4 EL Öl • 150 g saure Sahne 1/8 l Milch (1,5 %) • 1 TL scharfer Senf • Salz, frisch gemahlener schwarzer Pfeffer • 2 Lauchzwiebeln • 1 Hand voll gemischte Kräuter wie Petersilie, Schnittlauch, Dill, Kerbel und Zitronenmelisse • 50 g Emmentaler Käse (45 %) 50 g Haselnusskerne • 1 kleiner Kohlrabi (etwa 200 g) 250 g Karotten • 200 g Tomaten • 1 Paprikaschote (etwa 150 g) • 100 g Kopfsalat • 75 g braune Egerlinge

1 Den abgetropften Tofu würfeln und mit 1 Esslöffel Zitronensaft vermischen. Den Tofu in 2 Esslöffeln Öl bei mittlerer bis schwacher Hitze unter häufigem Wenden etwa 5 Minuten braten.

2 Für das Kräuterdressing die saure Sahne mit 2 Esslöffeln Zitronensaft, der Milch, dem Senf, Salz, Pfeffer und dem Rest des Öls verrühren. Die Lauchzwiebeln und die Kräuter waschen und fein zerkleinern. Den Käse raspeln, die Nusskerne fein hacken. Alle Zutaten mit der Sahnesauce vermischen.

3 Kohlrabi und Karotten schälen und grob raspeln. Die Tomaten von den Stielansätzen befreien und würfeln. Die Paprikaschote von den Kernen und Trennwänden befreien und in dünne Streifen schneiden. Den Salat waschen, trockenschwenken und zerpflücken. Die Pilze putzen, in Scheiben schneiden und mit dem Rest des Zitronensafts vermischen.

4 Das zerkleinerte Gemüse auf Portionsteller verteilen und mit dem Kräuterdressing überziehen. Den gebratenen Tofu darauf anrichten.

Info Tofu ist ein quarkähnliches cholesterinfreies Lebensmittel aus gelben Sojabohnen mit viel pflanzlichem Eiweiß und wenig Fett. Tofu gibt es in Naturkostläden, asiatischen Lebensmittelgeschäften und Reformhäusern zu kaufen. Meist können Sie sogar zwischen verschiedenen Zubereitungen wählen: schnittfestem Tofu pur oder mit Kräutern, Gemüse und Algen gemischt. Manchmal bekommen Sie auch Räuchertofu, der sich gut als Brotbelag eignet.

Am besten schmeckt Tofu gebraten und mit kräftigen Zutaten kombiniert: mit Gemüse, Obst, Salat, Nüssen und Hülsenfrüchten.

Reste von rohem Tofu bewahren Sie im Kühlschrank auf: Mit Wasser bedeckt, hält er sich in einem verschlossenen Gefäß etwa 1 Woche. Das Wasser müssen Sie täglich wechseln!

Probieren Sie als Hauptgericht mal diese Rohkostplatte, die Ihnen vor allem an heißen Sommertagen gut schmecken wird.

»Tofu« ist der japanische Name für Sojamilchquark – er spielt auf dieser Rohkostplatte die kalziumreichste Rolle.

Quarkschmarren mit Salat

**Zubereitungs-
zeit: 50 Minuten
Pro Portion:
2963/708 kJ/kcal
37 g Eiweiß
41 g Fett
45 g Kohlen-
hydrate
4 g Ballaststoffe
251 mg Chole-
sterin
413 mg Kalzium**

Zutaten für 2 Personen

*250 g Magerquark • 2 Eier • Salz, Cayennepfeffer • frisch
geriebene Muskatnuss • 100 g Mehl • 5 EL Öl • 1 Kopf
grüner Salat • 1 Bund Schnittlauch • 25 g Gorgonzola
150 g Magerjoghurt • 1 EL Apfelessig*

1 Den Quark mit den Eiern, Salz, Cayennepfeffer,
Muskatnuss und Mehl
verrühren.
2 In einer großen Pfanne
3 Esslöffel Öl erhitzen.
Den Quarkteig darin
glatt streichen und zuge-
deckt bei schwacher Hitze
etwa 10 Minuten backen,
bis er an der Unterseite
hellbraun ist und sich
ablösen lässt.
3 Den Schmarrenteig
wenden und auf der zwei-
ten Seite weitere 5 Minu-
ten in der offenen Pfanne
backen. Mit dem Pfan-
nenmesser in mundge-
rechte Stücke zerteilen.
Die Stücke bei mittlerer
bis starker Hitze unter
ständigem Wenden etwa
10 Minuten backen.
4 Den Salat zerpflücken,
waschen und trocken-
schwenken. Den Schnitt-
lauch fein schneiden.
Beide Zutaten in einer
Schüssel mischen.
5 Für die Salatsauce den
Gorgonzola mit einer Ga-
bel zerdrücken. Mit dem
Joghurt, dem Essig, etwas
Salz, Pfeffer und dem
restlichen Öl verrühren.
Die Sauce über den Salat
geben und alles mischen.

TIPP Wenn Sie Probleme mit dem Wenden des Quark-
teigs in der Pfanne haben: Setzen Sie einen weiten,
flachen Deckel auf die Pfanne, drehen Sie beides um, so
dass der Teig auf dem Deckel liegt, und lassen Sie dann
den Teig mit der helleren Seite nach unten in die Pfanne
gleiten.

Spargel mit Käsesahne

Zutaten für 2 Personen

1 kg grüner Spargel · 20 g Butter · 20 g Mehl · 1 Bund Petersilie · 1/4 l Milch (1,5 %) · 50 g Sahne (30 %) · 100 g frisch geriebener Emmentaler Käse · Salz, frisch gemahlener schwarzer Pfeffer

Zubereitungs-
zeit: 45 Minuten
Pro Portion:
2102/499 kJ/kcal
28 g Eiweiß
33 g Fett
22 g Kohlen-
hydrate
6 g Ballaststoffe
99 mg Chole-
sterin
850 mg Kalzium

1 Den Spargel waschen, die Stangen am unteren Teil dünn schälen und holzige Stellen entfernen. Den Spargel in Salzwasser aufkochen und zugedeckt bei schwacher Hitze 15 Minuten garen.

2 Den Spargel mit einem Schaumlöffel herausnehmen, auf Tellern anrichten und warm halten, bis die Sauce fertig ist.

3 Von der Spargelbrühe 1/4 Liter für die Sauce abmessen (den Rest für eine Suppe verwenden). Die weiche Butter mit dem Mehl verkneten. Die Petersilie fein hacken.

4 Die Spargelbrühe mit der Milch aufkochen. Die Mehlbutter mit einem Schneebesen darunter schlagen. Die Sauce erneut aufkochen und zugedeckt bei schwacher Hitze etwa 5 Minuten kochen lassen.

5 Die Sahne und den Käse darunter mischen und bei mittlerer Hitze rühren, bis sich der Käse gelöst hat. Die Sauce mit Salz und Pfeffer abschmecken und über den Spargel gießen. Die Petersilie darüber streuen. Dazu passen Pellkartoffeln oder Eierkuchen.

INFO Spargel enthält viel Vitamin B9 (Folsäure), das vor allem für Schwangere wichtig ist. Da dieses Vitamin bei der Zellneubildung und der Blutbildung eine Rolle spielt, ist es für das gesunde Heranwachsen des Babys im Mutterleib von großer Bedeutung.

Gratiniert und überbacken

Aufläufe und Gratins sind nicht nur für die Gäste-bewirtung immer wieder beliebt. Kein Wunder: Sie lassen sich in scheinbar unendlichen Variationen auf den Tisch bringen und bieten wirklich für jeden Geschmack genau das Richtige.

Herzhafter Grießauflauf

Zutaten für 4 Personen
1/4 l Milch · 200 g Grieß · 30 g Butter · Salz · 500 g Mager-quark · 250 g Ricotta · 1 kleine Zwiebel · 4 Eier · Cayenne-pfeffer · 1 Päckchen tiefgekühlte Mexiko-Kräutermischung Fett für die Form

1 Die Milch mit Grieß, Butter und Salz unter Rühren aufkochen. Den Topf von der Kochstelle nehmen, den Grießbrei abkühlen lassen.

2 Den Quark mit dem Ricotta glatt rühren. Die Zwiebel abziehen und fein würfeln. Die Eier trennen.

3 Den Quark mit dem Grießbrei verrühren. Ei-gelb, Salz, Cayennepfeffer und Kräuter unter den Brei mischen. Das Eiweiß steif schlagen und unter-heben.

4 Den Quarkteig in eine gefettete Auflaufform fül-len und in den kalten Backofen auf die mittlere Schiene stellen.

5 Den Auflauf bei 180 °C (Umluft 160 °C, Gas Stufe 2–3) etwa 45 Mi-nuten backen, bis er goldgelb ist.

Zubereitungs-zeit: 1 Stunde und 15 Minuten; davon Backzeit: 30 Minuten
Pro Portion:
2417/577 kJ/kcal
39 g Eiweiß
26 g Fett
45 g Kohlen-hydrate
4 g Ballaststoffe
303 mg Chole-sterin
431 mg Kalzium

Eine gesunde Alternative zur Pizza: die Tomaten-Käse-Tarte (Rezept siehe Seite 90).

Tomaten-Käse-Tarte

**Zubereitungs-
zeit: 2 Stunden
Pro Portion:
2768/661 kJ/kcal
23 g Eiweiß
44 g Fett
43 g Kohlen-
hydrate
3 g Ballaststoffe
128 mg Chole-
sterin
692 mg Kalzium**

Zutaten für 4 Personen
Für den Teig: 200 g Mehl · Salz · 5–7 EL Buttermilch
100 g weiche Butter
Für den Belag: 1 kleine Zwiebel · 1 Knoblauchzehe · 1 TL Öl
4 mittelgroße Tomaten · 200 g Emmentaler Käse · 1 Bund
Basilikum · 1/8 l Kaffeesahne · 1/8 l Milch · Salz, Cayenne-
pfeffer
Für die Form: Fett

1 Für den Teig Mehl, Salz, 3 bis 5 Esslöffel Buttermilch und die Butter zu einem glatten Teig zusammenkneten. Wenn der Teig zu trocken ist, die restliche Buttermilch unterkneten.

2 Eine Springform von 26 Zentimeter Durchmesser fetten. Den Boden mit zugeschnittenem Pergamentpapier auslegen. Mit Teig auskleiden, dabei einen 3 Zentimeter hohen Rand formen. Teigboden 30 Minuten kühlen.

3 Die Zwiebel und den Knoblauch abziehen, klein würfeln und im heißen Öl bei schwacher Hitze glasig braten. Abkühlen lassen.

4 Die Tomaten überbrühen, abziehen und in dünne Scheiben schneiden. Den Käse grob raspeln. Das Basilikum fein hacken. Die Kaffeesahne mit der Milch, dem Salz, dem Cayennepfeffer, den Zwiebelwürfeln und dem Basilikum mischen.

5 Den Teigboden mit Alufolie abdecken, die Form in den kalten Backofen (Mitte) schieben und bei 230 °C (Umluft 210 °C, Gas Stufe 5) zunächst 5 Minuten backen. Folie entfernen und weitere 5 Minuten backen. Herausnehmen, den Backofen auf 160 °C (Umluft 140 °C, Gas 1–2) zurückschalten.

6 Den Kuchenboden mit etwa 3/4 der Käsemenge bestreuen, mit den Tomatenscheiben belegen, mit Salz und Pfeffer würzen. Die Sahnemilch darüber gießen und den restlichen Käse gleichmäßig auf die Tarte streuen.

7 Die Tarte wieder in den Ofen schieben und etwa 40 Minuten backen, bis der Belag leicht gebräunt und fest, aber noch saftig ist. Herausnehmen, etwa 10 Minuten abkühlen lassen und servieren. Dazu passt grüner Salat.

Kartoffeln mit Tomaten und Käse

Zutaten für 3 Personen

500 g gekochte Kartoffeln • 400 g Tomaten • 1 Knoblauchzehe • 150 g Mozzarella • Salz, frisch gemahlener weißer Pfeffer • 100 g saure Sahne • 150 g frisch geriebener Parmesan

1 Den Backofen auf 220 °C (Umluft 200 °C, Gas Stufe 4–5) vorheizen. Die Tomaten kurz mit kochend heißem Wasser überbrühen und abziehen. Die abgepellten Kartoffeln und die Tomaten in Scheiben schneiden. Knoblauch fein hacken, Mozzarella klein würfeln.

2 Die Kartoffeln und die Tomaten schuppenförmig in eine ofenfeste Form mit niedrigem Rand legen. Mit Salz und Pfeffer würzen. Die saure Sahne darüber gießen. Den Knoblauch, die Mozzarellawürfel und den frisch geriebenen Parmesan gleichmäßig darüber verteilen.

3 Die Form auf dem Rost in den Backofen auf die mittlere Schiene stellen. Die Kartoffeln etwa 30 Minuten backen, bis der Käse zerlaufen und oben leicht gebräunt ist.

Zubereitungszeit: 45 Minuten; davon Backzeit: 30 Minuten
Pro Portion:
2173/519 kJ/kcal
32 g Eiweiß
32 g Fett
25 g Kohlenhydrate
4 g Ballaststoffe
80 mg Cholesterin
861 mg Kalzium

Frischkäseauflauf mit Hafer

Zubereitungszeit: 2 Stunden
Pro Portion:
1658/395 kJ/kcal
20 g Eiweiß
29 g Fett
14 g Kohlenhydrate
2 g Ballaststoffe
295 mg Cholesterin
339 mg Kalzium

Zutaten für 4 Personen

1 kleine Zwiebel · 50 g Hafer · 1 TL Öl · 1/4 l Gemüsebrühe
100 g Petersilie · 4 Eier · 200 körniger Frischkäse
Salz, Cayennepfeffer · 1/2 TL gemahlener Koriander
100 g Sahne · 50 g geriebener Hartkäse
Butter für die Form

1 Die Zwiebel abziehen und fein würfeln, Hafer grob schroten. Beide Zutaten im heißen Öl anbraten. Die Gemüsebrühe dazugießen, den Hafer aufkochen und zugedeckt bei schwächster Hitze 10 Minuten garen. Dabei häufig umrühren, denn Schrot brennt leicht an. Den Topf von der Kochstelle nehmen; den Haferbrei etwa 45 Minuten quellen und dabei abkühlen lassen.

2 Die Petersilie waschen, trockentupfen und ganz fein hacken. Die Eier trennen. Zuerst nacheinander die Eigelbe, dann esslöffelweise den Frischkäse und zum Schluss die Petersilie unter den Haferbrei rühren. Mit Salz, Cayennepfeffer und Koriander würzen.

3 Eiweiß und Sahne getrennt steif schlagen, auf den Teig geben und etwa die Hälfte des Käses darüber streuen. Alles mit einem Kochlöffel vermischen.

4 Eine hohe Auflaufform von etwa 1 1/2 Liter Inhalt mit Butter fetten und mit dem restlichen geriebenen Käse ausstreuen. Die Soufflémasse darin glatt streichen.

5 Die Form auf den Rost in den kalten Backofen (mittlere Schiene) stellen und bei 180 °C (Umluft 160 °C, Gas Stufe 2–3) etwa 50 Minuten backen, bis der Auflauf oben leicht gebräunt ist. Dazu passt Salat und Weißbrot.

TIPP Getreideschrot bekommen Sie in vielen Reformhäusern und Naturkostläden frisch gemahlen. Abgepackt heißt grobes Schrot meist Grütze.

Kartoffelgratin mit Kräuterkruste

Zutaten für 4 Personen
500 g Kartoffeln · 1 EL Butter · 1 mittelgroße Zwiebel · Salz, frisch gemahlener schwarzer Pfeffer · 1 TL getrockneter Thymian · 2 große Eier · 1/8 l Milch · 100 g Semmelbrösel 2 Päckchen tiefgekühlte Kräuter der Provence · 3 EL Olivenöl 100 g geriebener Emmentaler Käse

**Zubereitungszeit: 50 Minuten
Pro Portion:
1865/445 kJ/kcal
18 g Eiweiß
24 g Fett
38 g Kohlenhydrate
5 g Ballaststoffe
161 mg Cholesterin
415 mg Kalzium**

1 Die Kartoffeln schälen, waschen und in 4 Millimeter dicke Scheiben schneiden. Dachziegelartig in eine Gratinform schichten. Butter zerlassen und gleichmäßig über die Kartoffelscheiben gießen. Die Zwiebel abziehen, ganz fein würfeln und auf den Kartoffeln verteilen. Mit Salz, Pfeffer aus der Mühle und dem Thymian bestreuen.

2 Die Eier mit der Milch schaumig schlagen und über die Kartoffeln gießen. Die Semmelbrösel und die Kräuter mischen und darüber verteilen, mit Käse bestreuen.

3 Die Form in den kalten Backofen (Mitte) stellen und bei 220 °C (Umluft 200 °C, Gas Stufe 4–5) etwa 35 Minuten backen, bis das Gratin weich und leicht gebräunt ist.

INFO Kartoffeln liefern reichlich Kalium, sind leicht verdaulich und mit 75 Kilokalorien pro 100 Gramm ganz »schlanke« Lebensmittel. Milch und Emmentaler steuern Eiweiß und Fett bei, damit Sie beim Essen auch satt werden, der Käse liefert zusätzlich viel Kalzium.

Tomaten mit Kartoffelfüllung

**Zubereitungs-
zeit: 1 Stunde
und 15 Minuten
Pro Portion:
1084/258 kJ/kcal
10 g Eiweiß
17 g Fett
16 g Kohlen-
hydrate
4 g Ballaststoffe
35 mg Chole-
sterin
264 mg Kalzium**

Zutaten für 4 Personen

*2 mittelgroße mehlige Kartoffeln • 1 kleine Zwiebel
1/2 EL Öl • 5–7 EL Milch • 4 große Fleischtomaten (etwa 1 kg)
Salz, frisch gemahlener schwarzer Pfeffer • 1 Bund Petersilie
2 EL saure Sahne • 100 g Edelpilzkäse (Roquefort oder
Gorgonzola) • 1 EL Butter*

1 Die Kartoffeln schälen, waschen und würfeln. Die Zwiebel abziehen und würfeln. Das Öl in einem Topf erhitzen. Die Kartoffeln und die Zwiebeln darin bei schwacher Hitze andünsten. Die Milch zugeben und aufkochen. Die Kartoffeln in etwa 20 Minuten sehr weich kochen. Mit dem Kartoffelstampfer zerdrücken.

2 Inzwischen die Tomaten waschen, quer halbieren und mit einem kleinen Messer so aushöhlen, dass kleine Schälchen entstehen. Das Fruchtfleisch hacken und in eine Schüssel geben. Tomaten innen mit Salz und Pfeffer bestreuen.

3 Die Petersilie waschen, trockentupfen und fein hacken. Mit dem Tomatenfleisch, der sauren Sahne und dem zerbröckelten Käse unter das Kartoffelpüree mischen. Mit Salz und Pfeffer würzen.

4 Das Kartoffelpüree in die Tomaten füllen. Die Butter in Flöckchen darauf verteilen. Tomaten in eine ofenfeste Form setzen, in den kalten Backofen (Mitte) stellen und bei 220 °C (Umluft 200 °C, Gas Stufe 4–5) etwa 30 Minuten backen, bis sie goldbraun sind.

INFO Ein preiswertes Essen der modernen fleischlosen Küche. Raffinierte Würze bekommt die Füllung durch frische Petersilie und den herzhaften Käse.

Quiche mit Petersilie

Zutaten für 4 Personen
Für den Teig: 200 g Weizenmehl (Type 1050) · Salz
1 TL getrockneter Thymian · 100 g Butter · 4 EL Wasser
Für den Belag: 150 g Petersilie · 1 Knoblauchzehe
400 g saure Sahne · 2 Eier · 70 g frisch geriebener
Parmesan · 30 g Sesamsamen · 1 TL Kümmelkörner
1/2 EL edelsüßes Paprikapulver

1 Für den Teig das Mehl, Salz, den Thymian, die weiche Butter und das Wasser gerade so lange verkneten, bis alle Zutaten zusammenhalten und der Teig nicht mehr bröckelt.

2 Den Teigkloß in eine Springform von 26 Zentimeter Durchmesser legen und mit Handballen und Fingerspitzen auseinander drücken, bis er den Boden der Form ganz bedeckt. Nun mit dem Daumen einen etwa 2 Zentimeter hohen Rand nach oben drücken. Den Teigboden einige Mal mit einer Gabel einstechen und 1 Stunde kühlen.

3 Inzwischen den Belag wie folgt zubereiten: Die Petersilie sehr fein hacken, den Knoblauch zerdrücken. Beide Zutaten mit der sauren Sahne, den Eiern, dem Käse, dem Sesam, dem Kümmel, dem Paprika und etwas Salz verrühren.

4 Den Belag auf dem Teigboden glatt streichen. Die Form mit dem Rost in den kalten Backofen (Mitte) schieben. Den Ofen auf 200 °C (Umluft 180 °C, Gas Stufe 3–4) schalten. Den Petersilienkuchen etwa 45 Minuten backen, bis er oben schön gebräunt ist. Den Kuchen herausnehmen, in der Form etwa 15 Minuten auskühlen lassen, in Stücke schneiden und anrichten.

Zubereitungszeit: 2 Stunden; davon Backzeit: 45 Minuten
Pro Portion:
3086/737 kJ/kcal
22 g Eiweiß
54 g Fett
41 g Kohlenhydrate
5 g Ballaststoffe
256 mg Cholesterin
485 mg Kalzium

Lauchgratin mit buntem Salat

**Zubereitungs-
zeit: 1 Stunde
und 10 Minuten;
davon Backzeit:
45 Minuten
Pro Portion:
2667/637 kJ/kcal
25 g Eiweiß
43 g Fett
37 g Kohlen-
hydrate
11 g Ballaststoffe
88 mg Chole-
sterin
860 mg Kalzium**

Zutaten für 3 Personen

*600 g Lauch (Porree) • 400 g mehlige Kartoffeln
Salz, frisch gemahlener schwarzer Pfeffer • 1/4 l Milch (1,5 %)
125 g Sahne (30 %) • 100 g frisch geriebener Emmentaler
Käse (45 %) • 1 EL Butter • 150 g Magerjoghurt • 1 EL Crème
fraîche • 2 EL Apfelessig • 2 EL Öl • 200 g Endiviensalat
100 g Brunnenkresse • 100 g Staudensellerie • 1 Möhre
(etwa 100 g) • 1 Orange (etwa 250 g) • 1 Bund Schnittlauch
25 g gehackte Haselnusskerne*

1 Den Lauch putzen, waschen und mit den saftigen grünen Blättern in knapp fingerbreite Stücke schneiden. Die Kartoffeln schälen, waschen, abtrocknen und auf dem Gurkenhobel in dünne Scheiben schneiden.

2 Die Lauchstücke und die Kartoffelscheiben in einer ofenfesten Form mit niedrigem Rand verteilen und mit Salz und Pfeffer würzen. Die Milch mit Sahne und Käse vermischen und darüber gießen. Die Butter in

*Das Gratin lässt
sich auch mit
Gruyèn, Cheddar,
Bergkäse oder
Mozzarella
überbacken.*

Flöckchen teilen und darauf verteilen.

3 Die Form auf den Rost in den kalten Backofen (Mitte) stellen. Ofen auf 200 °C (Umluft 180 °C, Gas Stufe 3–4 schalten). Das Gratin etwa 45 Minuten backen, bis das Gemüse weich, die Flüssigkeit fast aufgesogen und die Oberfläche des Gratins schön gebräunt ist.

4 Während das Gratin im Ofen ist, den Salat zubereiten: Für die Sauce Joghurt, Crème fraîche, Essig, Salz, Pfeffer und Öl in eine Schüssel geben und mit dem Schneebesen kräftig verrühren.

5 Den Endiviensalat und die Brunnenkresse putzen bzw. verlesen, waschen und fein zerkleinern. Die Sellerieblättchen abzupfen und dazugeben. Den Staudensellerie waschen und in kleine Stücke schneiden. Die Möhre schälen und grob raspeln. Die geschälte Orange in Stücke schneiden. Den Schnittlauch in feine Röllchen schneiden.

6 Alle diese Zutaten mit der Salatsauce vermischen und mit den Nüssen bestreuen. Das fertige Gratin noch heiß zusammen mit dem Salat servieren.

Brokkoli (siehe Seite 98) und Lauch sind Gemüsesorten mit relativ viel Kalzium. Das Kalzium aus Pflanzen kann der Körper besser verwerten, wenn man es mit tierischen Lebensmitteln kombiniert – also z. B. mit Ei, Käse und Milch.

Tipp Vielleicht kennen Sie Gratins mit Lauch und/oder Kartoffeln bis jetzt nur als Beilage zu kurz gebratenem Fleisch. Aber probieren Sie doch mal die vegetarische Version. Deren Vorteil ist: Mit Salat statt Fleisch zum Gratin nehmen Sie weniger tierisches Fett und weniger Cholesterin zu sich. Bei kalziumreicher Ernährung muss man nämlich auch ein wenig auf das Cholesterin achten: Lebensmittel mit viel Kalzium wie Käse und Milchprodukte enthalten auch Cholesterin. Für die Cholesterinkonzentration im Blut ist es deshalb gut, wenn Sie Ihren Speiseplan nicht so oft mit Fleisch, sondern lieber mit Salat und Gemüse ergänzen.

Brokkoli-Lauch-Torte

**Zubereitungs-
zeit: 2 Stunden;
davon Backzeit:
45 Minuten
Pro Stück:
750/179 kJ/kcal
9 g Eiweiß
7 g Fett
20 g Kohlen-
hydrate
3 g Ballaststoffe
26 mg Chole-
sterin
229 mg Kalzium**

Zutaten für 20 Stücke
*Für den Teig: 500 g Weizenmehl Type 1050 · 1 Päckchen
Trockenhefe · 1/2 EL Salz · 3/8 l Milch (1,5 % Fett)
2 EL Olivenöl*
*Für den Belag: 600 g Brokkoli (tiefgekühlt) · 1 EL Wasser
Salz · 300 g Lauch (Porree) · 1 Knoblauchzehe · 100 g Peter-
silie · 1 Ei · 250 g frisch geriebener Emmentaler Käse (45 %)
200 ml Milch (1,5 %) · 1/2 TL gemahlener Koriander
Cayennepfeffer · frisch gemahlener weißer Pfeffer · frisch
geriebene Muskatnuss · Butter für das Blech*

1 Das Mehl, die Hefe und das Salz in einer Schüssel vermischen. Die lauwarme Milch und das Öl dazugießen. Alles mit den Knethaken des Handrührgeräts etwa 5 Minuten durchrühren, bis der Teig Blasen bildet. Den Teig zugedeckt bei Zimmertemperatur etwa 45 Minuten ruhen lassen, bis sich sein Volumen verdoppelt hat.
2 Inzwischen für den Belag den Brokkoli mit dem Wasser und Salz aufkochen und zugedeckt bei schwacher Hitze garen, bis sich die einzelnen Strünke voneinander lö-

sen lassen. Den Brokkoli grob zerkleinern.
3 Den Lauch putzen und fein zerkleinern. Den Knoblauch und die Petersilie hacken.
4 Den Teig auf ein gefettetes Backblech streichen. Brokkoli (ruhig etwas feucht), Lauch, Knoblauch und Petersilie darauf verteilen.
5 Das Ei, den Käse und die Milch mit dem Koriander, Salz, Cayennepfeffer, weißem Pfeffer und Muskatnuss vermischen und über das Gemüse verteilen.
6 Das Blech in den kalten Backofen (mittlere

Schiene) schieben. Bei 180 °C (Umluft 160 °C, Gas Stufe 2–3) die Torte etwa 45 Minuten backen. Lauwarm servieren. Dazu passt Salat.

Moussaka mit Grünkohl

Zutaten für 6 Personen
450 g Grünkohl (tiefgekühlt) · 25 g Mehl · 75 g weiche Butter · 3/8 l Milch (1,5 %) · 125 g Sahne (10 %) 175 g Emmentaler Käse · Salz, frisch gemahlener weißer Pfeffer · frisch geriebene Muskatnuss · 1 kg mehlige Kartoffeln · 500 g Tomaten · 250 g Lauchzwiebeln 2 Knoblauchzehen · 1 kleines Bund Petersilie

Zubereitungszeit: 2 Stunden; davon Backzeit: 1 Stunde
Pro Portion:
1785/425 kJ/kcal
19 g Eiweiß
23 g Fett
33 g Kohlenhydrate
8 g Ballaststoffe
68 mg Cholesterin
641 mg Kalzium

1 Den Grünkohl auftauen lassen. Für die Sauce Mehl mit 1/3 der Butter verkneten. Milch und Sahne aufkochen. Das Mehl mit dem Schneebesen darunter rühren, erneut aufkochen und den Topf vom Herd nehmen. Käse, Salz, Pfeffer und Muskat unter die Sauce mischen.

2 Kartoffeln schälen, waschen und hobeln. Tomaten abziehen und würfeln. Lauchzwiebeln waschen, putzen und in Ringe schneiden. Knoblauch und Petersilie hacken.

3 In eine ofenfeste Form mit halbhohem Rand schichtweise die Kartoffeln, den Grünkohl, alle Zutaten und die Käsesauce einfüllen. Dabei jede Schicht mit Salz würzen. Zuletzt Käsesauce und die restliche Butter in Flöckchen darauf geben.

4 Die Form auf den Rost in den kalten Backofen (unten) stellen. Die Moussaka bei 200 °C (Umluft 180 °C, Gas Stufe 3–4) 1 Stunde backen, bis die Kartoffeln weich sind und die Oberfläche leicht gebräunt ist.

Überbackene Kalbskoteletts mit Brokkoli

Zubereitungs-
zeit: 1 Stunde
und 15 Minuten;
davon Backzeit:
30 Minuten
Pro Portion:
2560/610 kJ/kcal
54 g Eiweiß
37 g Fett
25 g Kohlen-
hydrate
3 g Ballaststoffe
201 mg Chole-
sterin
573 mg Kalzium

Zutaten für 4 Personen

300 g Brokkoli (tiefgekühlt) • 2 EL Wasser • 2 EL Sahne (10 %)
Salz • 4 Kalbskoteletts (je etwa 200 g) • frisch gemahlener
schwarzer Pfeffer • 1/2 EL Öl • 1 kleine Zwiebel • 1 Knoblauch-
zehe • 5 Zweige frischer Thymian • Saft von 1 Zitrone
2 TL Speisestärke • 1/2 l Milch (1,5 %) • 125 g Sahne (30 %)
100 g frisch geriebener Emmentaler Käse (45 %)
Cayennepfeffer

1 Den Brokkoli mit dem Wasser, der Sahne und etwas Salz in einem Topf aufkochen. Zugedeckt bei schwacher Hitze 5 Minuten garen, bis der Brokkoli aufgetaut, aber noch nicht gegart ist.

2 Inzwischen die Koteletts auf beiden Seiten mit Salz und Pfeffer einreiben. Das Öl in einer Pfanne erhitzen. Die Koteletts darin bei mittlerer Hitze pro Seite etwa 3 Minuten braten. Danach nebeneinander in eine ofenfeste Form mit halbhohem Rand legen.

3 Den Brokkoli grob zerkleinern und auf den Koteletts verteilen. Die Gar-

flüssigkeit des Gemüses um die Koteletts gießen.

4 Die Zwiebel und den Knoblauch fein hacken. Die Thymianblättchen abzupfen und grob zerschneiden. Die Zitrone auspressen. Die Speisestärke mit etwa 6 Esslöffeln Milch glatt rühren.

5 Die Zwiebel und den Knoblauch im Bratfett der Koteletts glasig andünsten. Die restliche Milch, die Sahne und die angerührte Speisestärke zu den Zwiebeln gießen. Die Sauce unter Rühren einmal aufkochen.

6 Den Käse und den Thymian darunter mischen. Die Sauce bei mittlerer

Hitze unter Rühren kochen lassen, bis sich der Käse ganz aufgelöst hat.

7 Die Käsesauce mit Zitronensaft, Salz und Cayennepfeffer würzen und über die Koteletts gießen.

8 Die Form auf den Rost in den kalten Backofen (mittlere Schiene) stellen. Den Ofen auf 200 °C (Umluft 180 °C, Gas Stufe 3–4) schalten. Die Koteletts etwa 30 Minuten backen, bis die Käsesauce leicht gebräunt ist. Dazu passt Baguette und grüner Salat.

Nudelauflauf mit Käse

Zutaten für 4 Personen
250 g breite Nudeln · 1 EL Öl · 500 g Tomaten · 1 Knoblauchzehe · 2 Salbeiblättchen · 1 kleines Bund Petersilie 3 Eier · 125 g Sahne (10 %) · 200 g frisch geriebener Emmentaler Käse (45 %) · Salz, Cayennepfeffer · 25 g Butter

1 Die Nudeln in reichlich Salzwasser bissfest garen. Abgießen und mit dem Öl vermischen.

2 Die Tomaten kurz überbrühen, dann abziehen und würfeln, dabei die Stielansätze entfernen. Den Knoblauch, die Salbeiblättchen und die Petersilie fein hacken.

3 Die Nudeln mit diesen zerkleinerten Zutaten, den Eiern, der Sahne und dem Käse vermischen, mit Salz und Cayennepfeffer abschmecken.

4 Die Nudelmischung in eine ofenfeste Form mit mittelhohem Rand geben. Die Butter in Flöckchen darauf legen. Die Form auf den Rost in den kalten Backofen (mittlere Schiene) stellen. Den Ofen auf 200 °C (Umluft 180 °C, Gas Stufe 3–4) schalten. Den Auflauf etwa 30 Minuten backen, bis er leicht gebräunt ist.

Zubereitungszeit: 1 Stunde; davon Backzeit: 30 Minuten
Pro Portion:
2565/612 kJ/kcal
30 g Eiweiß
32 g Fett
49 g Kohlenhydrate
5 g Ballaststoffe
250 mg Cholesterin
653 mg Kalzium

Verschiedene Hauptgerichte

Sich ausgewogen und kalziumreich zu ernähren bedeutet nicht, auf den Genuss beim Essen verzichten zu müssen. Sie werden sehen: Die Rezepte in diesem Kapitel bieten Ihnen abwechslungsreiche und raffinierte Ideen mit Fisch oder Fleisch.

Safranhuhn aus dem Tontopf

Zutaten für 4 Personen
1 Huhn (etwa 1,6 kg) • Salz, frisch gemahlener weißer Pfeffer
1 große Zwiebel • 2 Knoblauchzehen • 1 große unbehandelte
Zitrone • 1 Bund Petersilie • 200 g Joghurt (3,5 %)
1 Briefchen Safranfäden

1 Das Huhn innen und außen kalt abspülen, trockentupfen und in 8 Stücke schneiden. Mit Salz und Pfeffer würzen und in die vorbereitete Tonform legen.

2 Die Zwiebel und den Knoblauch fein hacken. Die Zitrone heiß abwaschen und in Scheiben schneiden. Die Petersilie waschen, trocknen und fein hacken. Alle diese Zutaten über den Hühnerstücken verteilen.

3 Den Joghurt mit dem Safran verrühren und darüber gießen. Tonform schließen und auf einen Rost in den kalten Backofen (mittlere Schiene) stellen. Das Huhn bei 220 °C (Umluft 200 °C, Gas Stufe 4–5) etwa 1 1/4 Stunden schmoren, dabei wenden. Dazu passt Baguette oder Reis.

Zubereitungszeit: 1 Stunde und 30 Minuten
Pro Portion:
2829/680 kJ/kcal
69 g Eiweiß
24 g Fett
6 g Kohlenhydrate
1 g Ballaststoffe
355 mg Cholesterin
130 mg Kalzium

Im Tontopf gart das Safranhuhn im eigenen Saft – Vitamine, Mineralstoffe und Geschmack bleiben erhalten.

Kohlrabi im Quarkring

**Zubereitungs-
zeit: 1 Stunde
und 30 Minuten
Pro Portion:
1941/463 kJ/kcal
38 g Eiweiß
25 g Fett
21 g Kohlen-
hydrate
5 g Ballaststoffe
70 mg Chole-
sterin
495 mg Kalzium**

Zutaten für 4 Personen

*750 g Magerquark • 4 Blatt weiße Gelatine • 1 Zwiebel
50 g gemischte Kräuter • 2 EL Crème fraîche • 1 TL Zitronensaft • Salz, frisch gemahlener schwarzer Pfeffer
2 EL heißes Wasser • 200 g Sahne • 1 kg junger Kohlrabi
1 Bund Lauchzwiebeln • 1 Scheibe Schinken (etwa 50 g)
1 EL Öl • Paprikapulver • 1 Kästchen Gartenkresse
weiches Fett für die Form*

1 Den Quark auf einem Sieb abtropfen lassen. Die Gelatine in kaltem Wasser einweichen. Die Zwiebel abziehen und würfeln. Kräuter waschen, trockenschleudern und grob hacken.
2 Den Quark in eine Schüssel geben. Zwiebel, Kräuter, die Crème fraîche und den Zitronensaft zufügen und alles mit dem Schneidestab des Handrührers pürieren. Die Quarkmischung mit Salz und frisch gemahlenem schwarzem Pfeffer kräftig würzen.
3 Die Gelatine ausdrücken, im heißen Wasser auflösen und mit dem Magerquark mischen.

125 Gramm Sahne steif schlagen und unter den Quark heben.
4 Eine Reisrandform von 1 Liter Inhalt mit Öl oder Fett ausstreichen. Den Quark einfüllen und etwa 1 Stunde kühlen, bis er fest genug zum Stürzen ist.
5 Den Kohlrabi schälen und in Stifte schneiden. Die Lauchzwiebeln putzen, waschen und mit allen saftigen grünen Blättern in feine Ringe schneiden. Den Schinken würfeln.
6 Das Öl in einem Topf erhitzen. Kohlrabi, Lauchzwiebeln und Schinken darin leicht bräunen. Die restliche Sahne zugeben,

einmal aufkochen und den Kohlrabi zugedeckt in etwa 10 Minuten bissfest garen. Mit Salz und Paprika nach Belieben würzen.

7 Den Quarkring auf eine Platte stürzen. Den Kohlrabi in den Quarkring füllen, mit der Kresse garnieren und sofort servieren.

Goldbarsch mit Grünkohl und Sahne

Zutaten für 2 Personen
1 kg Grünkohl · 1 Zwiebel · 1 Knoblauchzehe · 400 g Goldbarschfilet · 1 kleine Zitrone · Salz, frisch gemahlener weißer Pfeffer · 1 EL Öl · 200 g Sahne (10 %)

Zubereitungszeit: 30 Minuten
Pro Portion:
2354/560 kJ/kcal
59 g Eiweiß
27 g Fett
18 g Kohlenhydrate
12 g Ballaststoffe
137 mg Cholesterin
763 mg Kalzium

1 Die Grünkohlblätter von den Strünken streifen, waschen, trockenschwenken und fein zerkleinern. Die Zwiebel und den Knoblauch ebenfalls fein hacken. Die Fischfilets würfeln, mit dem Zitronensaft, Salz und Pfeffer vermischen.

2 Das Öl in einem Schmortopf erhitzen. Die Zwiebel und den Knoblauch darin bei schwacher Hitze glasig andünsten. Den Grünkohl dazugeben und unter weiterem Rühren schmoren, bis er zusammengefallen ist.

3 Die Fischwürfel auf den Grünkohl legen. Die Sahne an den Seiten dazugießen. Alles aufkochen. Den Fisch zugedeckt bei schwacher Hitze in etwa 15 Minuten auf dem Gemüse gar ziehen lassen.

4 Den Fisch und das Gemüse mit Salz und Pfeffer abschmecken und auf heißen Tellern warm halten. Die Sauce im Topf bei starker Hitze unter Rühren einkochen lassen und über dem Fisch verteilen. Dazu passt Reis und Salat.

Frühlingsreis mit Käse

**Zubereitungs-
zeit: 40 Minuten
Pro Portion:
2060/492 kJ/kcal
19 g Eiweiß
22 g Fett
54 g Kohlen-
hydrate
3 g Ballaststoffe
48 mg Chole-
sterin
345 mg Kalzium**

Zutaten für 4 Personen

*250 g Langkornreis · 1/2 l Wasser · Salz · 1 Zwiebel · 1 Knob-
lauchzehe · 50 g gekochter Schinken · 200 g Champignons
200 g Zuckerschoten · 2 Tomaten · 2 EL Öl · 3 EL Hühnerbrühe · 100 g Crème double · frisch gemahlener weißer
Pfeffer · geriebene Muskatnuss · 100 g geriebener Käse*

1 Den Reis mit dem Wasser und etwas Salz in ei-
nem Topf aufkochen und
bei schwacher Hitze in
etwa 20 Minuten körnig
weich garen.
2 Inzwischen die Zwiebel
und den Knoblauch ab-
ziehen und hacken. Den
Schinken in Streifen
schneiden. Die Pilze
putzen und in Scheiben
schneiden. Die Zucker-
schoten putzen und wa-
schen. Die Tomaten kurz
überbrühen, häuten und
würfeln, dabei die Stiel-
ansätze herausschneiden.
3 Das Öl in einer Pfanne
erhitzen. Zwiebel, Knob-

lauch, Schinken, Pilze und
Zuckerschoten darin bei
mittlerer Hitze unter
Rühren etwa 3 Minuten
dünsten.
4 Tomaten und die Brühe
zugeben und zugedeckt
bei mittlerer bis schwa-
cher Hitze etwa 3 Minu-
ten dünsten, bis die
Zuckerschoten bissfest
sind.
5 Den Reis und die
Crème double darunter
mischen. Alles mit Salz,
Pfeffer und Muskat ab-
schmecken und mit dem
Käse bestreut servieren.
Dazu passt Salat als
Beilage.

TIPP Wer den Reis besonders würzig mag, nimmt Parme-
san- oder Pecorinokäse. Wem er mild besser schmeckt,
kann auch gewürfelten Mozzarella statt geriebenem
Hartkäse nehmen.

Fischfilets mit bunter Joghurtsauce

Zutaten für 2 Personen

*2 EL Mehl • Salz, frisch gemahlener schwarzer Pfeffer
1 TL getrockneter Thymian • 1 Ei • 40 g Semmelbrösel
2 EL Öl • 2 Goldbarschfilets (je etwa 200 g) • 3 EL Zitronensaft • 1 große Tomate (etwa 200 g) • 1 Salatgurke (etwa
200 g) • 1/2 Fenchelknolle (etwa 125 g) • 1 Bund frischer
Schnittlauch • 300 g Magerjoghurt (1,5 %) • 100 g saure
Sahne (10 %)*

**Zubereitungs-
zeit: 35 Minuten
Pro Portion:
3069/732 kJ/kcal
61 g Eiweiß
35 g Fett
40 g Kohlen-
hydrate
6 g Ballaststoffe
253 mg Chole-
sterin
449 mg Kalzium**

1 Zum Panieren das Mehl mit einer kräftigen Prise Salz, schwarzem Pfeffer und dem getrockneten Thymian auf einem Teller vermischen. Das Ei auf einem zweiten Teller verquirlen. Die Semmelbrösel auf einem dritten Teller bereitstellen.

2 Das Öl in einer Pfanne bei mittlerer Hitze heiß werden lassen. Die Goldbarschfilets beidseitig mit dem Zitronensaft beträufeln. Jedes Filet zuerst im Mehl, dann im Ei und zuletzt auf jeder Seite zweimal in den Semmelbröseln wenden.

3 Die Fischfilets nebeneinander in das Öl legen. Den Fisch in der offenen Pfanne bei mittlerer bis schwacher Hitze pro Seite etwa 5 Minuten braten. Die Hitze ist richtig, wenn das Öl rund um den Fisch immer leichte Blasen wirft, die Ränder der Filets aber nur langsam bräunen.

4 Während der Fisch brät, die gewaschene Tomate, die geschälte Gurke, den geputzte Fenchel und den gewaschenen Schnittlauch fein zerkleinern. Alle diese Zutaten mit dem Joghurt, der sauren Sahne, Salz und schwarzem Pfeffer verrühren. Die Sauce zu den Fischfilet servieren. Dazu passen Pellkartoffeln oder Baguette.

Hähnchencurry mit dicken Bohnen

**Zubereitungs-
zeit: 1 Stunde
und 15 Minuten
Pro Portion:
2472/590 kJ/kcal
58 g Eiweiß
28 g Fett
25 g Kohlen-
hydrate
9 g Ballaststoffe
163 mg Chole-
sterin
327 mg Kalzium**

Zutaten für 4 Personen

3 Hähnchenkeulen (je etwa 200 g) • Salz, frisch gemahlener schwarzer Pfeffer • 500 g Zwiebeln • 1 Knoblauchzehe 400 g Tomaten • je 1 TL gemahlene Gelbwurz (Kurkuma), Kreuzkümmel (Kumin) und Koriander • je 1/2 TL gemahlener Ingwer und Cayennepfeffer • 1 EL Erdnussöl • 400 g Magerjoghurt • 1/2 unbehandelte Zitrone • 300 g dicke Bohnen (tiefgekühlt) • 50 g Mandelstifte • 100 g Petersilie

1 Die Hähnchenkeulen trockentupfen und auf die Arbeitsfläche legen. Jede Keule quer zu den Fasern in 4 Stücke schneiden: Zuerst das Fleisch rundherum bis zum Knochen einschneiden. Die Knochen mit der Geflügelschere durchschneiden.
2 Die Stücke rundherum mit Salz und Pfeffer einreiben. Die Zwiebeln und den Knoblauch hacken. Die Tomaten abziehen, von den Stielansätzen befreien und würfeln. Die Gewürze mischen.
3 Das Öl in einem großen Schmortopf erhitzen. Die Hähnchenstücke darin portionsweise je etwa 10 Minuten bei mitt-lerer Hitze rundherum anbraten und wieder herausnehmen.
4 Das Fett bis auf eine dünne Schicht abgießen. Die Gewürze in das verbliebene Fett geben und einige Male umrühren. Die Zwiebeln und den Knoblauch hinzufügen und unter Wenden bei mittlerer bis schwacher Hitze glasig andünsten.
5 Die Hähnchenkeulen, die Tomaten, den Joghurt und ein etwa 2 Zentimeter langes Stück Zitronenschale dazugeben, einmal aufkochen und zugedeckt bei schwacher Hitze 15 Minuten schmoren.
6 Die dicken Bohnen dazugeben, erneut aufko-

chen und nach dem Auftauen der Bohnen weitere 15 Minuten bei mittlerer Hitze garen.

7 Die Mandelstifte in einer Pfanne ohne Fett goldbraun rösten. Die Petersilie fein hacken. Die Zitrone auspressen.

8 Die Hälfte der Petersilie und Zitronensaft unter das Curry mischen, noch einmal mit Salz und Pfeffer abschmecken und in einer heißen Schüssel anrichten. Die restliche Petersilie und die Mandeln darüber streuen.

Reisnudeln mit Hackfleisch und Gemüse

Zutaten für 4 Personen
1 Zwiebel • 1 Knoblauchzehe • 2 EL Öl • 125 g türkische Reisnudeln • 200 g Hackfleisch • 300 ml Gemüsebrühe 300 g Erbsen und Möhren (tiefgekühlt) • 2 Tomaten 300 g Joghurt • Salz, frisch gemahlener schwarzer Pfeffer 2 EL gehackte Petersilie

1 Die Zwiebel und den Knoblauch abziehen und hacken. Im heißen Öl andünsten. Nudeln und Hackfleisch kurz mitbraten, bis das Fleisch krümelig ist. Brühe zugießen, aufkochen und alles 5 Minuten garen.

2 Das Gemüse tiefgefroren zugeben und aufkochen. 10 Minuten garen, bis Nudeln und Gemüse bissfest sind.

3 Inzwischen die Tomaten abziehen und würfeln, dabei die Stielansätze entfernen.

4 Tomaten und Joghurt zu den Nudeln geben und alles zugedeckt bei mittlerer bis schwacher Hitze etwa 3 Minuten heiß werden lassen.

5 Mit Salz, Pfeffer und Muskat abschmecken und mit der Petersilie bestreut servieren.

**Zubereitungszeit: 30 Minuten
Pro Portion:
1686/402 kJ/kcal
20 g Eiweiß
20 g Fett
35 g Kohlenhydrate
7 g Ballaststoffe
41 mg Cholesterin
158 mg Kalzium**

Schweinekoteletts mit Wirsing

**Zubereitungs-
zeit: 1 Stunde
und 45 Minuten;
davon Backzeit:
1 Stunde
Pro Portion:
2179/521 kJ/kcal
43 g Eiweiß
34 g Fett
11 g Kohlen-
hydrate
5 g Ballaststoffe
117 mg Chole-
sterin
214 mg Kalzium**

Zutaten für 4 Personen
*1 Wirsingkohl (etwa 700 g) • 200 g Zwiebeln • 2 Knoblauch-
zehen • 2 Lorbeerblätter • 2 Wacholderbeeren • 1/2 TL Kümmelkörner • 4 Schweinekoteletts (je etwa 170 g) • Salz, frisch
gemahlener schwarzer Pfeffer • 4 EL Öl • 1/4 l Milch (1,5 %)
125 g Sahne (10 %) • 1 Zitrone • 1 Bund Schnittlauch*

1 Den Wirsingkohl vierteln, den Strunk herausschneiden. Die Kohlviertel waschen, trockenschwenken und in etwa fingerdicke Streifen schneiden. Die Zwiebeln und den Knoblauch abziehen und fein hacken. Die Lorbeerblätter, die Wacholderbeeren und den Kümmel im Mörser grob zerreiben. Diese Gewürzmischung auf einem Teller beiseite stellen. Die Koteletts auf beiden Seiten mit Salz und Pfeffer einreiben.
2 Für den Kohl etwas Öl in einem großen Schmortopf erhitzen. Den Kohl und die Zwiebel-Knoblauch-Mischung portionsweise darin bei mittlerer bis schwacher Hitze unter

Rühren anbraten. Das gebratene Gemüse jeweils herausnehmen. Erneut Öl heiß werden lassen und das restliche Gemüse darin anbraten.
3 Die Koteletts ohne weitere Fettzugabe bei mittlerer Hitze auf beiden Seiten anbraten und anschließend ebenfalls herausnehmen.
4 Die Hälfte des angebratenen Kohls wieder in den Schmortopf geben, mit Salz, Pfeffer und der Gewürzmischung bestreuen. Die Koteletts auf den Kohl legen, den restlichen Kohl darüber verteilen und ebenfalls würzen. Die Milch und die Sahne an den Seiten dazugießen. Den Zitronensaft darüber träufeln.

5 Den Topf schließen und auf den Rost in den kalten Backofen (unten) stellen. Den Ofen auf 200 °C (Umluft 180 °C, Gas Stufe 3–4) schalten. Die Koteletts und den Kohl 1 Stunde garen.

6 Den Kohl und die Koteletts herausnehmen und auf einer Platte im abgeschalteten Backofen warm halten. Den Schmortopf auf die Kochstelle setzen. Die Flüssigkeit, die sich beim Schmoren gebildet hat, unter ständigem Rühren bei starker Hitze zu einer sämigen Sauce einkochen.

7 Den Schnittlauch in feine Röllchen schneiden und Kohl und Koteletts damit bestreuen. Die Sauce gesondert dazu servieren. Dazu passen Pellkartoffeln, Reis oder Baguette.

Ganz winterlich-klassisch ist das Wirsingkotelett mit Kartoffelgratin. In diesem Fall sollten Sie allerdings etwas Sahne an der Sauce einsparen, sonst wird das Gericht zu fett.

VARIANTEN Das Gericht mit Kalbskoteletts oder Hähnchenkeulen zubereiten. Statt Wirsing können Sie auch Spitzkohl, Weißkohl oder Rotkohl nehmen.

Ein würziges Winteressen – durch Wacholder, Kümmel und Lorbeer auch leicht verdaulich.

Hackfleischpfanne mit Gemüse

**Zubereitungs-
zeit: 25 Minuten
Pro Portion:
2337/558 kJ/kcal
30 g Eiweiß
39 g Fett
20 g Kohlen-
hydrate
6 g Ballaststoffe
94 mg Chole-
sterin
252 mg Kalzium**

Zutaten für 4 Personen
500 g Möhren · 2 EL Kokosflocken · 2 kleine Zwiebeln
3 Knoblauchzehen · 3 EL Öl · 500 g gemischtes Hackfleisch
Salz, schwarzer Pfeffer · 2 EL mildes Currypulver · 1 EL Ko-
rinthen · 500 g Joghurt (3,5 %) · Saft von 1/2 Zitrone
1 Bund glatte Petersilie

1 Möhren schälen und in Stifte schneiden. Die Kokosflocken in einer Pfanne ohne Fett goldbraun rösten. Zwiebeln und Knoblauch abziehen, hacken und in etwas Öl glasig andünsten. Möhren zugeben und 2 Minuten andünsten.
2 Hackfleisch im restlichen Öl anbraten. Mit Salz, Pfeffer und Curry würzen. Möhren, Kokosflocken und Korinthen unterrühren und zugedeckt warm halten.
3 Joghurt mit Zitronensaft verrühren. Petersilie waschen, trockentupfen, hacken und unterrühren. Mit Salz abschmecken. Die Sauce zur Hackfleischpfanne servieren.

**Zubereitungs-
zeit: 25 Minuten
Pro Portion:
1118/267 kJ/kcal
33 g Eiweiß
13 g Fett
4 g Kohlen-
hydrate
1 g Ballaststoffe
120 mg Chole-
sterin
197 mg Kalzium**

Hähnchenschnitzel mit Joghurtsauce

Zutaten für 4 Personen
2 Lauchzwiebeln · 200 g Sahnejoghurt · 1 TL Paprikaflocken
1/2 EL Mehl · 2 EL Öl · Salz, frisch gemahlener schwarzer
Pfeffer · 30 g geriebener Parmesan · 1/2 TL getrockneter
Thymian · 4 Hähnchenbrustfilets (je 120 g) · 1 Kästchen
Gartenkresse

1 Lauchzwiebeln putzen und in Ringe schneiden. Joghurt, Paprikaflocken und Mehl verrühren.

2 Die Lauchzwiebeln in 1/2 Esslöffel Öl andünsten. Mit Salz und Pfeffer würzen. Die Joghurtmischung unterrühren und die Sauce bei schwacher Hitze dick einkochen.
3 Den Käse und den Thymian auf einem Teller mischen. Die Hähnchenbrustfilets kalt abspülen, trockentupfen und mit Salz und Pfeffer würzen. In der Käsemischung wenden und im restlichen heißen Öl rundherum braun braten.
4 Auf vorgewärmten Tellern anrichten, mit der Sauce umgießen und mit den Kressesträußchen garnieren.

Damit die Kruste gut haften bleibt, tupft man das Fleisch mit Küchenpapier ganz trocken.

Schweinecurry

Zutaten für 4 Personen
500 g Schweineschulter (ohne Knochen) · 1 kg Zwiebeln 1 Knoblauchzehe · 4 Tomaten · 2 EL Öl · 300 ml Dickmilch 1/2 TL Gelbwurzpulver (Kurkuma) · 1/2 TL gemahlener Kreuzkümmel · 1/4 TL gemahlener Koriander · 1/2 TL Cayennepfeffer · Saft von 1 kleinen Orange · 100 ml Wasser

Zubereitungszeit: 1 Stunde und 45 Minuten Pro Portion: 1712/410 kJ/kcal 31 g Eiweiß 23 g Fett 18 g Kohlenhydrate 5 g Ballaststoffe 97 mg Cholesterin 193 mg Kalzium

1 Das Fleisch in Würfel schneiden. Die Zwiebeln und den Knoblauch hacken. Die Tomaten überbrühen, abziehen und zerkleinern.
2 Das Öl in einer Pfanne erhitzen und das Fleisch darin bei starker Hitze rundherum braun anbraten. Dickmilch und alle Gewürze zugeben und unter häufigem Wenden bei schwacher Hitze kochen lassen, bis die ganze Flüssigkeit eingekocht und das Fleisch fast trocken ist.
3 Zwiebeln, Tomaten, Knoblauch, Orangensaft und Wasser untermischen. Das Curry aufkochen und zugedeckt bei schwacher Hitze 1 1/2 Stunden garen.

Sesam-Hackfleisch-Bällchen mit Tzatziki

**Zubereitungs-
zeit: 40 Minuten
3 Stunden Ab-
tropfzeit
Pro Portion:
1920/459 kJ/kcal
23 g Eiweiß
32 g Fett
19 g Kohlen-
hydrate
3 g Ballaststoffe
128 mg Chole-
sterin
299 mg Kalzium**

Zutaten für 4 Personen
*Für das Tzatziki: 500 g Joghurt (3,5 %) • 3 Lauchzwiebeln
1/2 Bund Dill • 1/2 Bund Petersilie • 1/2 Bund Schnittlauch
80 g Crème fraîche • 1/4 TL Salz • 1/2 TL frisch gemahlener
weißer Pfeffer*
*Für die Hackbällchen: 1 Brötchen (vom Vortag) • etwa 5 cm
frischer Ingwer • 1 Knoblauchzehe • 250 g gemischtes Hackfleisch • 1 Ei • 1–2 EL Semmelbrösel • 4 EL Sojasauce
1/2 TL gemahlener Koriander • Cayennepfeffer • 2 EL Öl
2 EL Sesamsaat*

1 Ein Sieb mit einem Tuch auslegen, den Joghurt darin etwa 3 Stunden abtropfen lassen, bis er die meiste Feuchtigkeit verloren hat und nur noch ungefähr 300 Gramm wiegt.

2 Die Lauchzwiebeln putzen, waschen und nur die weißen Teile fein hacken. Dill- und Petersilienblättchen von den Stielen zupfen. Zusammen mit dem Schnittlauch waschen und fein hacken. Alle diese Zutaten mit dem Joghurt, der Crème fraîche, Salz und Pfeffer verrühren. Danach zugedeckt kühl stellen.

3 Für die Hackfleischbällchen das Brötchen in Wasser etwa 10 Minuten einweichen. Ingwer schälen, Knoblauch abziehen, beides fein hacken.

4 Die Brötchen gut ausdrücken. Mit dem Hackfleisch, dem Ei, den Semmelbröseln und 2 Esslöffeln Sojasauce vermengen. Die Hackmasse mit Koriander und Cayennepfeffer abschmecken. Mit angefeuchteten Händen etwa 16 kleine Bällchen formen.

5 Die Hackbällchen im heißen Öl rundherum etwa 5 Minuten braten.

6 Von der Kochstelle nehmen, die restliche Sojasauce und die Sesamsaat über die Hackbällchen geben und die Pfanne einige Male rütteln, damit die Bällchen mit der Mischung überzogen werden. Heiß mit dem kalten Tzatziki servieren. Dazu passen Reis oder Fladenbrot und Salat.

Fischauflauf mit Dill

Zutaten für 4 Personen
500 g Seelachsfilet • Saft von 1 Zitrone • 100 g Vollkornzwieback • 200 ml Milch • 2 Bund Dill • 1 Ei • 1 Prise Muskatnuss • Salz, frisch gemahlener weißer Pfeffer • 200 g Crème double • 1 EL Butter

Zubereitungszeit: 1 Stunde
Pro Portion:
1893/452 kJ/kcal
34 g Eiweiß
23 g Fett
26 g Kohlenhydrate
2 g Ballaststoffe
223 mg Cholesterin
176 mg Kalzium

1 Den Fisch kalt abspülen, trockentupfen und in etwa 2 Zentimeter große Würfel schneiden. In einer mittelhohen Auflaufform verteilen, mit Zitronensaft beträufeln und 10 Minuten ziehen lassen.
2 Den Zwieback in einen Gefrierbeutel geben, mit der Nudelrolle zerkrümeln und mit der Milch mischen. Den Dill waschen, trockenschütteln und fein hacken.
3 Das Ei mit Muskatnuss, Salz und Pfeffer schaumig rühren. Nach und nach die Crème double und den Zwieback unterrühren.
4 Den Fisch mit Salz und Pfeffer würzen und mit der Hälfte des Dills bestreuen. Die Eiercreme mit dem restlichen Dill mischen und über dem Fisch glatt streichen. Die Butter in Flöckchen auf den Auflauf legen.
5 Den Auflauf in den Backofen (unten) stellen und bei 180 °C (Umluft 160 °C, Gas Stufe 2–3) etwa 25 Minuten backen, bis er leicht gebräunt ist.

Desserts

Süßes muss nicht immer eine Sünde sein. Auch mit süßen Gaumenfreuden können Sie viel für Ihre Gesundheit tun und dabei nach Herzenslust schlemmen. Besonders die Kombination von kalziumhaltigen Milchprodukten und vitaminreichen Früchten machen die Desserts zum gesunden Genuss.

Grieß-Quark-Klöße

Zutaten für 4 Personen
400 g trockener Quark oder Schichtkäse • 150 g Weizenvoll-korngrieß • 50 g fein geriebene Mandeln • 1 EL Honig 1 Ei • abgeriebene Schale von 1/2 unbehandelten Zitrone Salz • 50 g Butter • 1 EL fein geriebenes Knäckebrot 1 EL Zucker • 1 TL Zimt

Zubereitungs-zeit: 45 Minuten
Pro Portion:
1788/427 kJ/kcal
22 g Eiweiß
19 g Fett
40 g Kohlen-hydrate
5 g Ballaststoffe
90 mg Chole-sterin
174 mg Kalzium

1 Den Quark auf ein Sieb geben und abtropfen lassen. Mit Grieß, Mandeln, flüssigem Honig, Ei, Zitronenschale und Salz zu einem glatten Teig verarbeiten. Den Teig 15 Minuten ruhen lassen.

2 Mit zwei Teelöffeln Klößchen abstechen und in sprudelnd kochendes Salzwasser geben. Temperatur zurückschalten und die Klöße etwa 15 Minuten bei schwacher Hitze garen. Mit einem Schaumlöffel herausnehmen, abtropfen lassen und in eine vorgewärmte Schüssel geben.

3 Die Butter schmelzen. Das geriebene Knäckebrot, Zucker und Zimt darunter mischen und alles über den Klößchen verteilen. Dazu passt Erdbeer- oder Zwetschgenkompott.

Desserts müssen keine süßen Sünden sein: Das Kalzium in der Himbeercreme macht den Zucker wieder wett.

Milchreis mit Obst

**Zubereitungs-
zeit: 1 Stunde
Kühlzeit:
1 Stunde
Pro Portion:
1748/417 kJ/kcal
10 g Eiweiß
19 g Fett
51 g Kohlen-
hydrate
2 g Ballaststoffe
58 mg Chole-
sterin
289 mg Kalzium**

Zutaten für 4 Personen
120 g Natur-Rundkornreis • 1–2 EL Zuckerrohrgranulat •
3/4 l Milch • 1 Prise Salz • abgeriebene Schale von 1/4 un-
behandelten Zitrone • 400 g gemischtes Obst der Saison •
knapp 1/8 l weißer Fruchtsaft • 150 g Sahne

1 Den Reis mit Zucker-rohrgranulat, Milch, Salz und Zitronenschale aufkochen und zugedeckt bei schwacher Hitze in etwa 40 Minuten weich garen.
2 Inzwischen das Obst gründlich waschen oder schälen und das Frucht-fleisch in kleine Stücke schneiden.
3 Den abgekühlten Reis-brei mit Fruchtsaft und Obststücken verrühren. Sahne steif schlagen und unterziehen. Den Reis sofort servieren, damit er locker und sahnig ist.

Buttermilchgelee mit Pfirsichpüree

**Zubereitungs-
zeit: 50 Minuten
Pro Portion:
975/233 kJ/kcal
14 g Eiweiß
1 g Fett
36 g Kohlen-
hydrate
3 g Ballaststoffe
6 mg Chole-
sterin
222 mg Kalzium**

Zutaten für 4 Personen
Für das Gelee: 9 Blatt weiße Gelatine • 750 g Buttermilch •
abgeriebene Schale und Saft von 1 unbehandelten Zitrone •
60 g Zucker
Für das Pfirsichpüree: 1 großer gelber Pfirsich • 1 EL Puder-
zucker • 1 Päckchen Vanillezucker • 1 EL Himbeergeist •
100 g frische Himbeeren

1 Gelatine nach Packungsanweisung in Wasser einweichen.
2 Die Buttermilch mit der Zitronenschale, dem Zitronensaft und dem Zucker verrühren.
3 Die Gelatine in heißem Wasser auflösen und unter die Buttermilch

rühren. Das Gelee in vier mit kaltem Wasser ausgespülte Förmchen geben und am besten über Nacht zugedeckt in den Kühlschrank stellen.

4 Für das Püree den Pfirsich mit kochendem Wasser übergießen, abziehen, halbieren und entsteinen. Mit Puderzucker, Vanillezucker und dem Himbeergeist fein pürieren.

5 Zum Servieren das Buttermilchgelee mit einem spitzen Messer vom Förmchenrand lösen und die Förmchen kurz in heißes Wasser tauchen. Gelee auf Portionsteller stürzen und mit Püree übergießen. Mit den Himbeeren garnieren.

Himbeercreme mit Cassis

Zutaten für 3 Personen
300 g Himbeeren (tiefgekühlt) • 150 g Magerjoghurt
200 g Sahne (10 %) • 30 g Zucker • 2 EL Cassis (Schwarzer-Johannisbeer-Likör) • 50 g Mandelstifte

Zubereitungszeit: 10 Minuten
Pro Portion:
1258/300 kJ/kcal
9 g Eiweiß
16 g Fett
23 g Kohlenhydrate
10 g Ballaststoffe
25 mg Cholesterin
227 mg Kalzium

1 Die gefrorenen Himbeeren mit dem Joghurt, der Sahne, dem Zucker und dem Johannisbeerlikör im Mixer pürieren.

2 Die Creme mit den Mandelstiften vermischen, auf Dessertschälchen verteilen und sofort servieren.

TIPP Cassis, ein Likör aus Schwarzen Johannisbeeren, gibt diesem Dessert ein feines Aroma. Wenn Sie keinen Alkohol mögen oder wenn Sie die Himbeercreme für Kinder zubereiten wollen, können Sie den Likör durch Johannisbeersirup ersetzen. Im Reformhaus finden Sie Fruchtsirups, die nur die natürliche Süße der Frucht enthalten, aber sehr aromatisch sind.

Orangenreis

**Zubereitungs-
zeit: 1 Stunde
Pro Portion:
1929/460 kJ/kcal
9 g Eiweiß
13 g Fett
71 g Kohlen-
hydrate
5 g Ballaststoffe
16 mg Chole-
sterin
66 mg Kalzium**

Zutaten für 4 Personen
150 g Rundkornreis • 1/2 l Milch • 1 Prise Salz • 1 EL Honig
1 Stück Zimtstange • 1/2 Vanilleschote • 100 g Rosinen
4 Orangen • 1 EL Orangenlikör • 100 g Sahne
2 EL Schokostreusel

1 Reis mit Milch, Salz, Honig, Zimtstange und Vanilleschote aufkochen. Zugedeckt bei schwächster Hitze in 45 Minuten ausquellen lassen.

2 Inzwischen die Rosinen mit dem ausgepressten Saft von 3 Orangen und dem Orangenlikör mischen und ziehen lassen.

3 Zimtstange und Vanilleschote aus dem Reis entfernen, Rosinen mit dem Orangensaft darunter mischen. Den Reis abkühlen lassen.

4 Die verbliebene Orange so schälen, dass auch die weiße Haut entfernt wird. In Stücke schneiden und unter den Reis mischen. Sahne steif schlagen und unterheben. Reis mit Schokostreuseln bestreut servieren.

*Der Buttermilch-
kuchen hat das
Zeug, in Ihrer
Küche zum
Klassiker zu
werden.*

Buttermilchkuchen

Zutaten für 20 Stück

70 g zartbittere Schokolade • 250 g weiche Pflanzenmar-
garine • 100 g Zucker • 1/4 TL Ingwerpulver • abgeriebene
Schale von 1/2 unbehandelten Zitrone • 1 Prise Salz
500 g Vollkornweizenmehl • 100 g vollfettes Sojamehl
1 Päckchen Weinstein-Backpulver • 1/8 l Wasser
400 g Buttermilch • 125 g zartbittere Kuvertüre
2 EL Mandelblättchen • Fett für die Form

**Zubereitungs-
zeit: 1 Stunde
und 45 Minuten
Pro Portion:
1094/261 kJ/kcal
7 g Eiweiß
14 g Fett
27 g Kohlen-
hydrate
5 g Ballaststoffe
16 mg Chole-
sterin
66 mg Kalzium**

1 Die Schokolade grob zerkleinern. Margarine mit Zucker, Ingwer, Zitronenschale und Salz schaumig rühren. Mehl, Sojamehl und Backpulver mischen und in 2 Portionen darunter rühren. Wasser mit Buttermilch verrühren und untermischen. Die Schokolade mit einem Kochlöffel locker unterrühren.

2 Den Teig in eine gut gefettete Napfkuchenform füllen und auf einen Rost in den kalten Backofen (untere Schiene) stellen. Kuchen bei 180 °C (Umluft 160 °C, Gas Stufe 2–3) etwa 90 Minuten backen. Den abgekühlten Kuchen mit der Kuvertüre überziehen und mit den Mandelblättchen bestreuen.

INFO Das vollfette Sojamehl ersetzt im Teig die Eier; genau wie Eigelb enthält es Lezithin, das die Teigzutaten bindet und den Kuchen lockert. Um ein Ei zu ersetzen, rechnet man 25 Gramm Sojamehl und 50 Milliliter kaltes Wasser. Zum Verarbeiten gibt es zwei Möglichkeiten: entweder Soja- und Getreidemehl gemischt unter das Fett rühren oder Sojamehl und Wasser zu einem Brei rühren und anschließend mit dem Fett schaumig schlagen.

Quarktorte mit Obst

**Zubereitungs-
zeit: 1 Stunde
und 30 Minuten
Pro Portion:
983/235 kJ/kcal
8 g Eiweiß
12 g Fett
23 g Kohlen-
hydrate
2 g Ballaststoffe
69 mg Chole-
sterin
79 mg Kalzium**

Zutaten für 16 Stück

*Für den Mürbeteig: 50 g Nussmischung • 75 g Weizenvoll-
kornmehl • 50 g weiche Butter • 1 EL flüssiger Honig
1 Eigelb • Salz • abgeriebene Schale von 1/2 unbehandelten Zitrone*

*Für den Biskuitteig: 2 Eier • 2 EL lauwarmes Wasser
2 EL flüssiger Honig • 100 g Weizenvollkornmehl*

*Für die Füllung: 500 g Schichtkäse oder Magerquark
100 g Rohr- oder Rübenzucker • 1/4 TL Vanillepulver • abgeriebene Schale und Saft von 1/2 unbehandelten Zitrone
300 g Sahne • 3 EL beliebiger Fruchtaufstrich
500 g beliebiges Obst*

Für die Form: Butter • Pergamentpapier

1 Die Nüsse fein mahlen und mit dem Mehl, dem Fett, dem Honig, dem Eigelb, einer Prise Salz und der Zitronenschale zu einem Mürbeteig verkneten. Zwischen 2 Blättern Klarsichtfolie zu einer runden Teigplatte in Größe einer Springform von 26 Zentimeter Durchmesser ausrollen und so kühlen, bis der Biskuit fertig ist.

2 Für den Biskuitteig die Eier trennen. Die Eigelbe mit dem Wasser und dem Honig schaumig schlagen, bis die Masse hellgelb und dick ist. Das Eiweiß steif schlagen und auf die Eigelbcreme geben. Das Mehl darüber sieben. Alles mit einem Schneebesen vorsichtig unterheben.

3 Eine Springform von 26 Zentimeter Durchmesser fetten. Den Boden mit zugeschnittenem Pergamentpapier auslegen. Den Biskuitteig in der Form glatt streichen.

4 Den Biskuit auf einen Rost in den kalten Backofen (untere Schiene) stellen und bei 180 °C (Umluft 160 °C, Gas Stufe 2–3) in 25 bis 30 Minuten hellbraun backen. Für die Garprobe ein Holzstöckchen in den Teig stechen und wieder herausziehen. Wenn keine Teigreste mehr am Stäbchen haften, Tortenboden herausnehmen und in der Form 10 Minuten stehen lassen. Zum Abkühlen auf ein Kuchengitter stürzen. Pergamentpapier ablösen.

5 Die Springform zum Abkühlen unter kaltes Wasser halten und abtrocknen. Den gekühlten Mürbeteigboden darauf legen, mehrmals mit einer Gabel einstechen, in den heißen Backofen (Mitte) schieben und in 10 bis 15 Minuten hellbraun backen. Danach aus der Form lösen und auf einem Kuchengitter auskühlen lassen.

6 Für den Belag den Schichtkäse auf einem Sieb abtropfen lassen, bis die Tortenböden kalt sind. Mit 2/3 des Zuckers, der Vanille, Zitronenschale und dem Saft mischen.

7 Die Sahne mit dem restlichen Zucker steif schlagen. 1/3 davon unter den Quark rühren, das zweite Drittel mit einem Schneebesen unterheben und den Rest zum Verzieren der Torte in den Kühlschrank stellen.

8 Den Mürbeteigboden mit dem Fruchtaufstrich bestreichen, den Biskuitboden darauf legen und den Springformrand darumlegen. Den Quark auf den Biskuit streichen. Die Torte mindestens 1 Stunde im Kühlschrank fest werden lassen. Den Springformrand lösen, die Torte mit dem zerkleinerten Obst belegen.

Schokoladenfreunde mischen nach Belieben geraspelte Zartbitterschokolade unter den Magerquark.

TIPP In Naturkostläden und vielen Supermärkten bekommen Sie Schichtkäse oder so genannten Topfen, einen besonders trockenen Quark, den Sie ohne Abtropfen gleich verarbeiten können.

Käsekuchen

**Zubereitungs-
zeit: 1 Stunde
und 30 Minuten
Pro Stück:
1407/336 kJ/kcal
10 g Eiweiß
17 g Fett
34 g Kohlen-
hydrate
1 g Ballaststoffe
108 mg Chole-
sterin
162 mg Kalzium**

Zutaten für 12 Stücke

*250 g Semmelbrösel · 2 EL Vanillezucker · 1 TL Zimtpulver
100 g weiche Butter oder Pflanzenmargarine · 3 Eier
500 g ungesalzener Ricotta · 500 g Joghurt · 2 EL Weinbrand · Saft und abgeriebene Schale von 1/2 unbehandelten Orange · 150 g Zucker · 2 gestrichene EL Speisestärke
Für die Form: Fett · Pergamentpapier
Zum Garnieren: Erdbeeren, Himbeeren und Minzeblättchen*

1 Für den Kuchenboden die Semmelbrösel, den Vanillezucker und das Zimtpulver mischen. Das Fett schmelzen, ganz leicht anbräunen, in dünnem Strahl zu den Semmelbröseln geben und alles mit einer Gabel verkneten.

2 Eine Springform von 26 Zentimeter Durchmesser fetten. Den Boden mit Pergamentpapier auslegen. Die Semmelbröselmischung in der Form verteilen, festdrücken und mit den Fingern einen etwa 3 Zentimeter hohen Rand formen.

3 Die Eier trennen. Den Ricotta mit dem Joghurt, dem Weinbrand und dem Orangensaft pürieren. Die Eigelbe, die Orangenschale und den Zucker dazugeben und alles mit den Quirlen des Handrührers verrühren.

4 Das Eiweiß steif schlagen und mit der gesiebten Speisestärke unter die Käsecreme heben. Auf dem Kuchenboden glatt streichen.

5 Den Kuchen in den kalten Backofen (Mitte) stellen und bei 200 °C (Umluft 180 °C, Gas Stufe 3–4) etwa 1 Stunde backen. Wenn die Oberfläche leicht gebräunt ist, den Kuchen herausnehmen. In der Form auskühlen lassen und auf eine Kuchenplatte geben.

TIPP Der Käsekuchen sieht besonders hübsch aus, wenn Sie die Stücke auf fertig gekaufter Dessertsauce anrichten. Der Kuchen enthält durch Ricotta und Joghurt reichlich Kalzium. Um Fett zu sparen, nehmen Sie Magerjoghurt und fettreduzierte Butter, die sich zum Backen eignet.

Quarkflammeri mit Brombeersauce

Zutaten für 4 Personen
6 Blatt Gelatine · 200 g Magerquark · 50 g Zucker · eventuell 1 EL Orangenlikör · 1 TL gemahlene Vanille · Saft und Schale von 1/2 unbehandelten Zitrone · 3/8 l Milch (1,5 %) 4 EL heißes Wasser · 200 g Sahne (30 %) · 500 g Brombeeren · 1 EL flüssiger Honig

Zubereitungszeit: 35 Minuten
Kühlzeit:
2 Stunden
Pro Portion:
1486/355 kJ/kcal
18 g Eiweiß
18 g Fett
28 g Kohlenhydrate
8 g Ballaststoffe
51 mg Cholesterin
271 mg Kalzium

1 Die Gelatine in kaltem Wasser 5 Minuten einweichen.

2 Den Quark mit dem Zucker, dem Orangenlikör, der Vanille, der abgeriebenen Zitronenschale und dem ausgepressten Zitronensaft verrühren.

3 Die Milch erhitzen. Die Gelatine ausdrücken und in heißem Wasser auflösen. Die gelöste Gelatine in die Milch rühren und abkühlen lassen.

4 Die Milch mit der Quarkcreme vermischen und stehen lassen, bis die Creme halbfest ist.

5 Die Sahne steif schlagen und unter die Quarkcreme mischen. Den Flammeri in eine Schüssel geben und zugedeckt 2 Stunden kühlen.

6 Die Brombeeren verlesen, waschen und trockentupfen. Mit dem Honig vermischen.

7 Den Flammeri mit einem in kaltes Wasser getauchten Löffel portionieren. Die Brombeeren daneben anrichten.

Impressum

© 1999 Südwest Verlag GmbH in der Verlagshaus Goethestraße GmbH & Co. KG, München

Alle Rechte vorbehalten. Nachdruck – auch auszugsweise – nur mit Genehmigung des Verlags.

Redaktion: Bettina Stambader Projektleitung: Dr. Alex Klubertanz Redaktionsleitung und medizinische Fachberatung: Dr. med. Christiane Lentz Bildredaktion: Kathrin Dymke Produktion: Manfred Metzger Umschlag: Manuela Hutschenreiter, München Layout: Wolfgang Lehner DTP: Matthias Liesendahl

Printed in Italy Gedruckt auf chlor- und säurearmem Papier

ISBN 3-517-08060-8

Über die Autorin

Veronika Paulmann ist Hauswirtschaftslehrerin und Ökotrophologin. Als leidenschaftliche Köchin ist sie schon lange auf Themen wie Diätküche, vitamin- und mineralstoffreiche Kost sowie fernöstliche Küche spezialisiert.

Literatur

Handschmann, Johanna: Kürbis, Spitzkohl, Löwenzahn. Südwest Verlag. München 1998
Hellmiß, Margot/Scheithauer, Falk: Pflanzenöle. Südwest Verlag. München 1998
Oberbeil, Klaus: Fitmacher für jeden Tag. Südwest Verlag. München 1998
Oberbeil,Klaus/Lentz, Dr. med. Christiane: Obst und Gemüse als Medizin. Südwest Verlag. 4. Auflage, München 1997
Rias-Bucher, Barbara: Die Darmdiät. Südwest Verlag. 2. Auflage, München 1998
Roßmeier, Armin: Das große Buch der leichten Küche. Südwest Verlag. München 1998
Wimpffen, Hans Hermann von: Sauerkraut. Orac Verlag. Wien 1996

Hinweis

Das vorliegende Buch ist sorgfältig erarbeitet worden. Dennoch erfolgen alle Angaben ohne Gewähr. Weder Autorin noch Verlag können für eventuelle Nachteile oder Schäden, die aus den im Buch gemachten praktischen Hinweisen resultieren, eine Haftung übernehmen.

Bildnachweis

Alle Bilder stammen von Dirk Albrecht (Meinerzhagen), außer:
Bavaria; Gauting: 1 (TCL); Südwest Verlag, München: 8 (Amos Schliack); Transglobe, Hamburg: 4 (Popperfoto)